EGYPTIAN PANTHEON
A GRAPHIC JOURNEY THROUGH ANCIENT GODS

MARCO AURELIO GALAN HENRIQUEZ

ISBN:146645026
ISBN-13: 978-1466465022

CONTENTS

AKEN

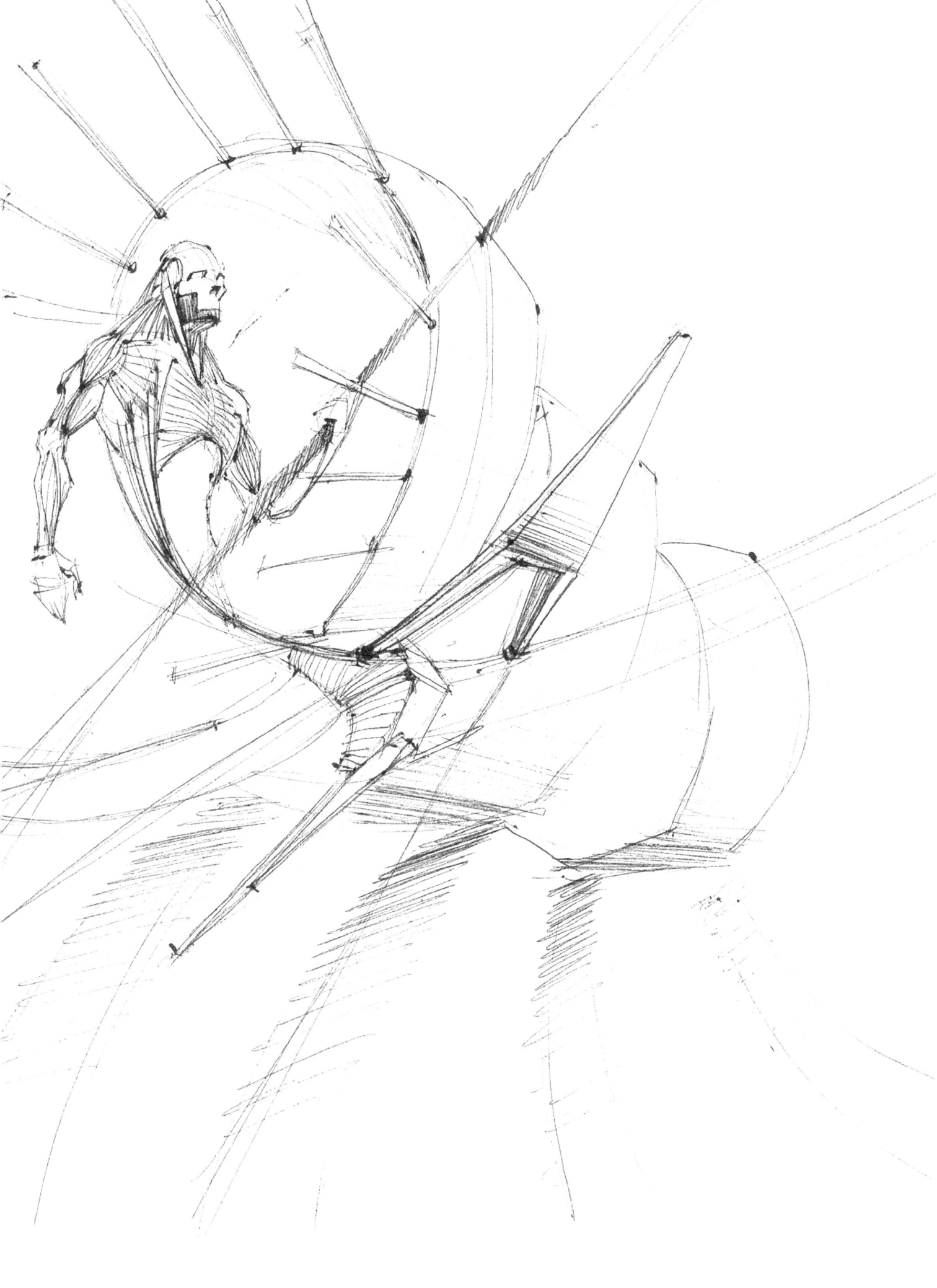

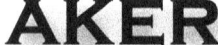

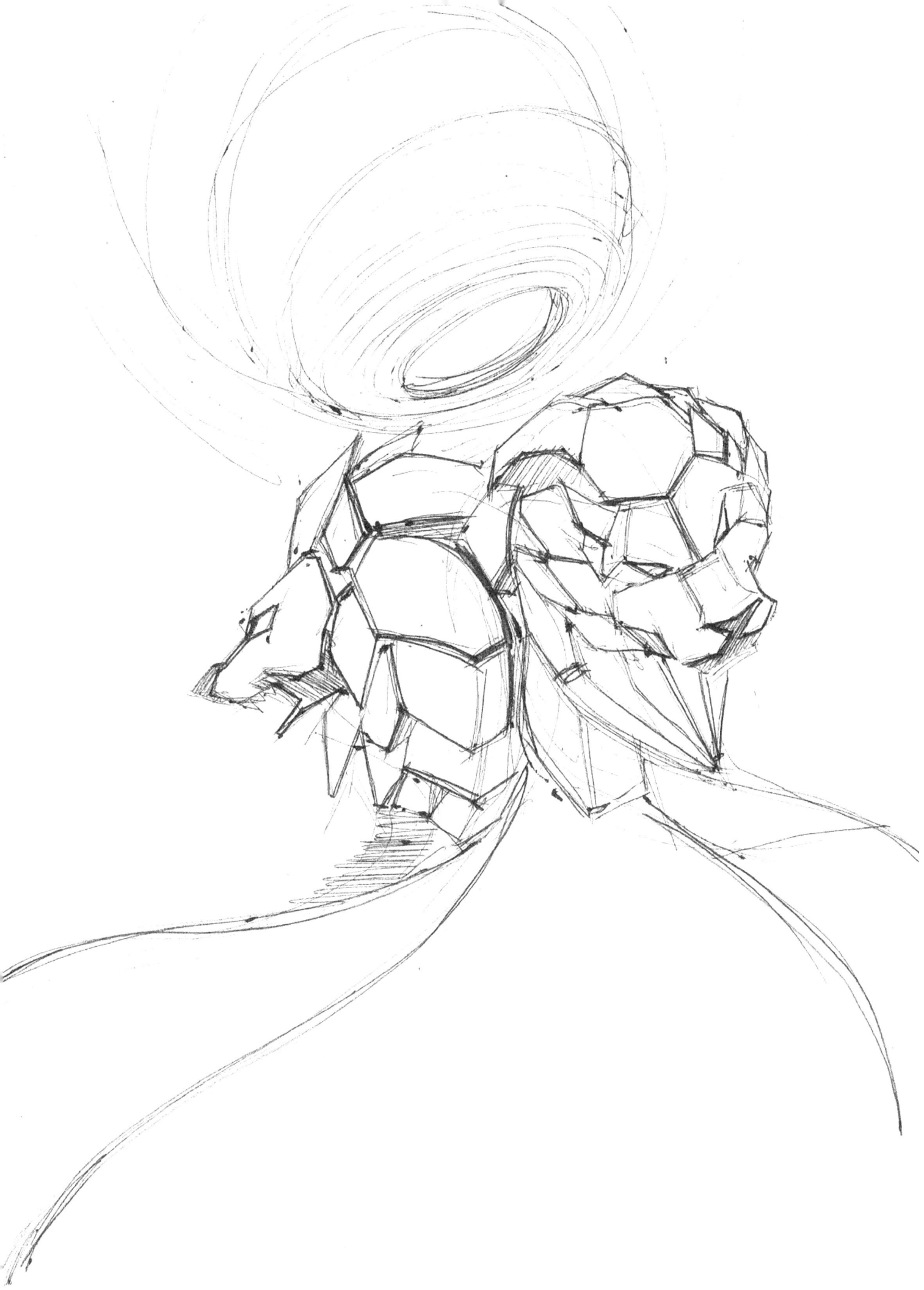

AMMIT

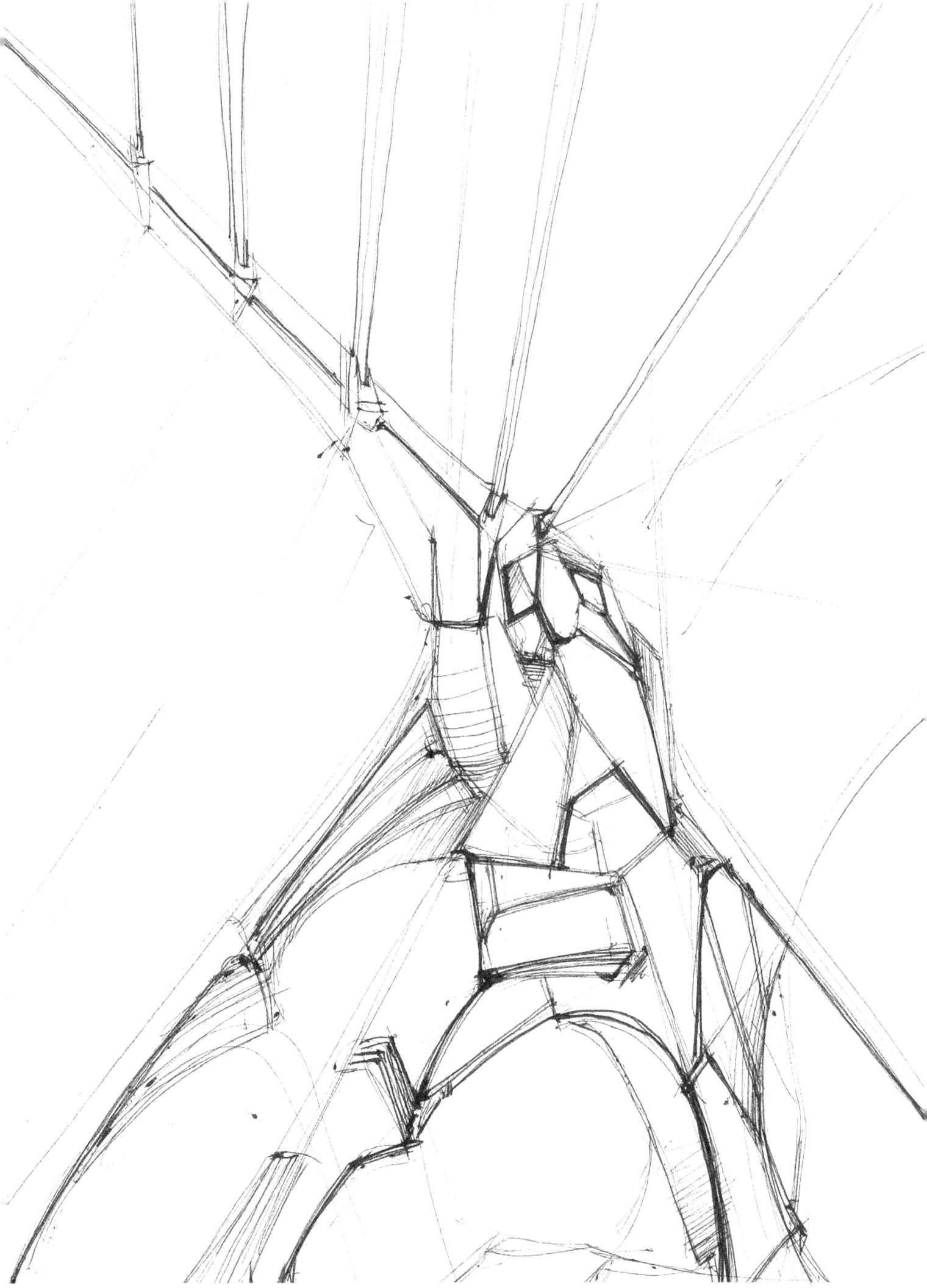

ANPUT

7

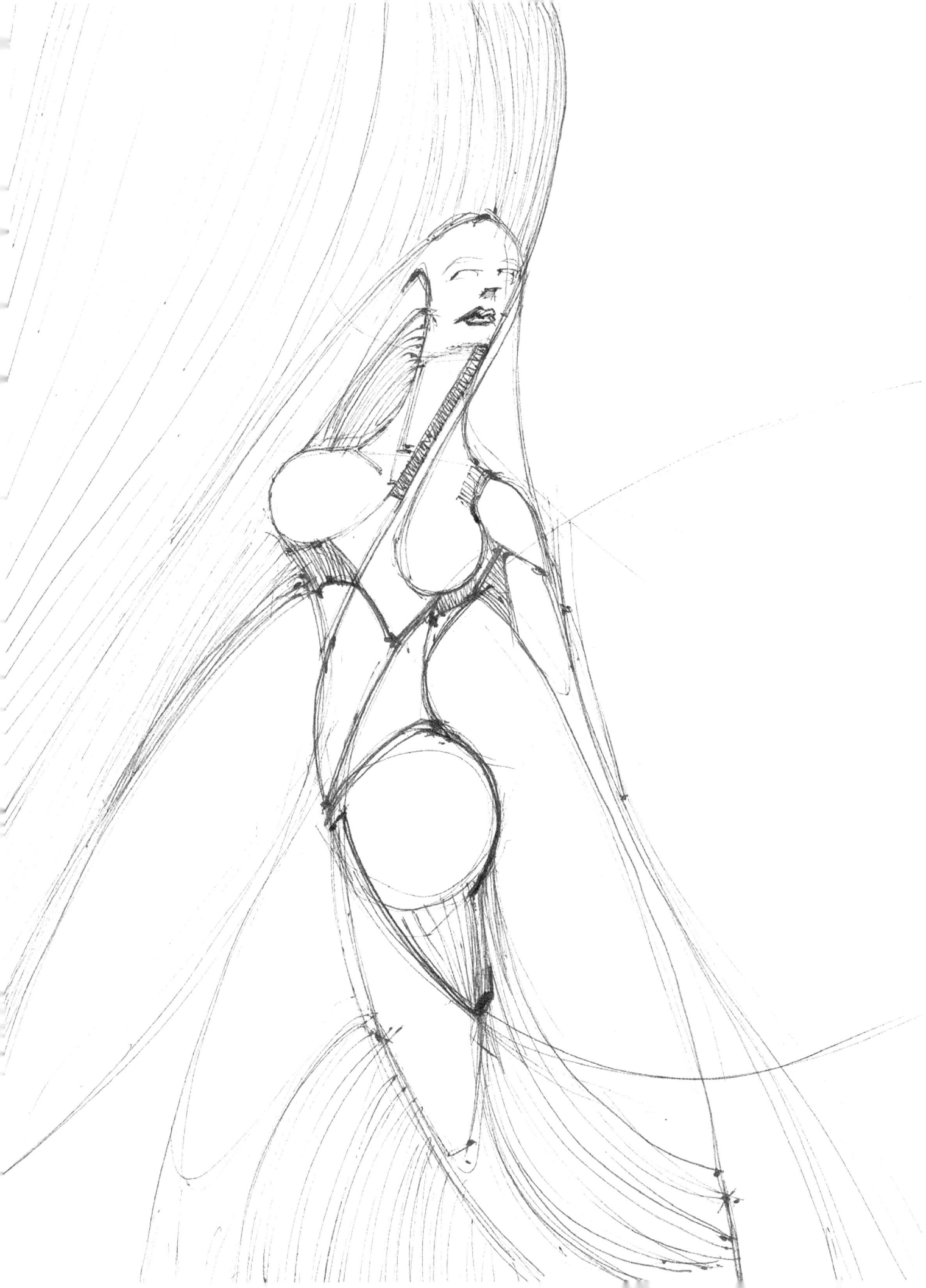

ANUBIS

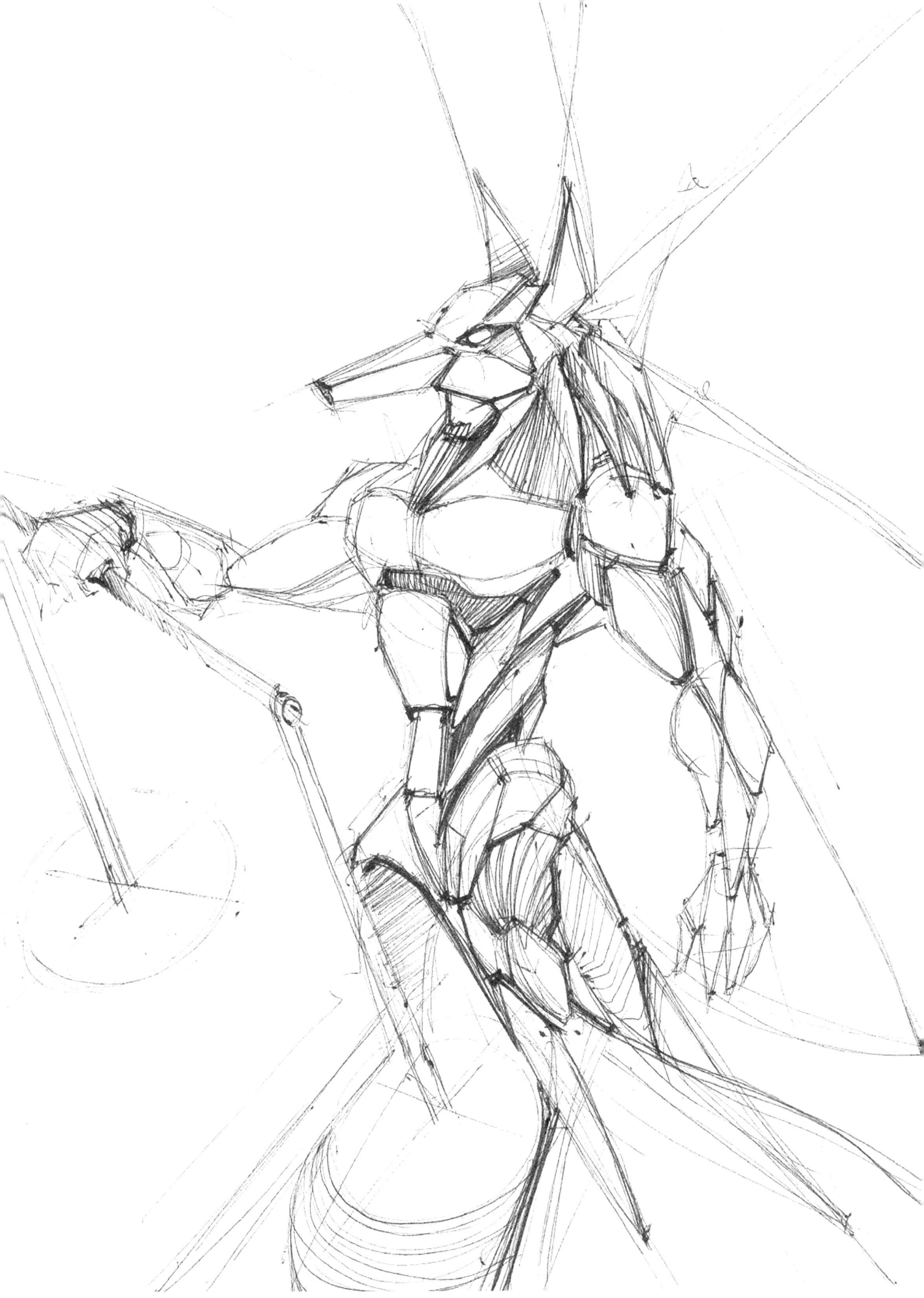

ANUKET

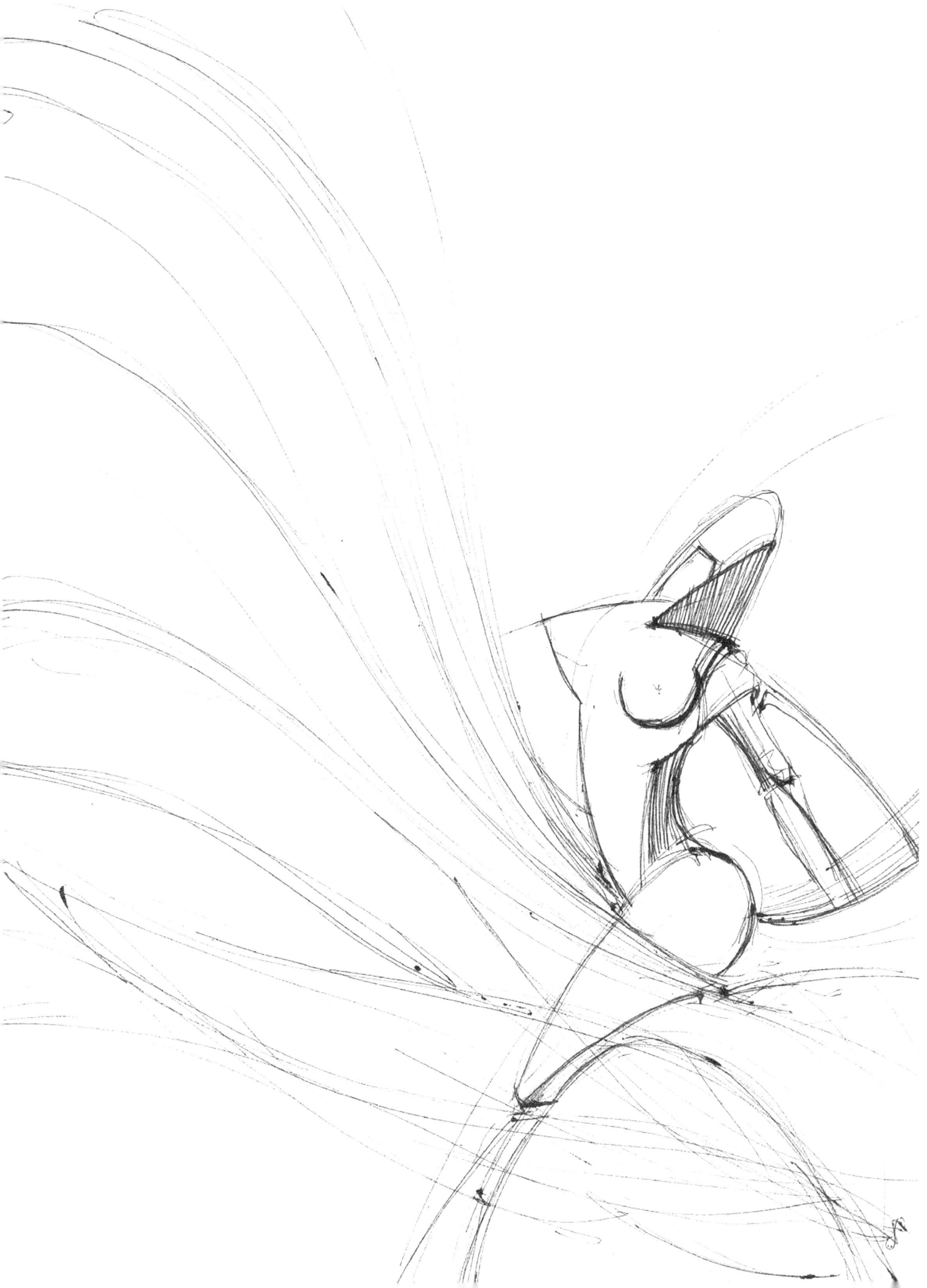

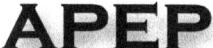

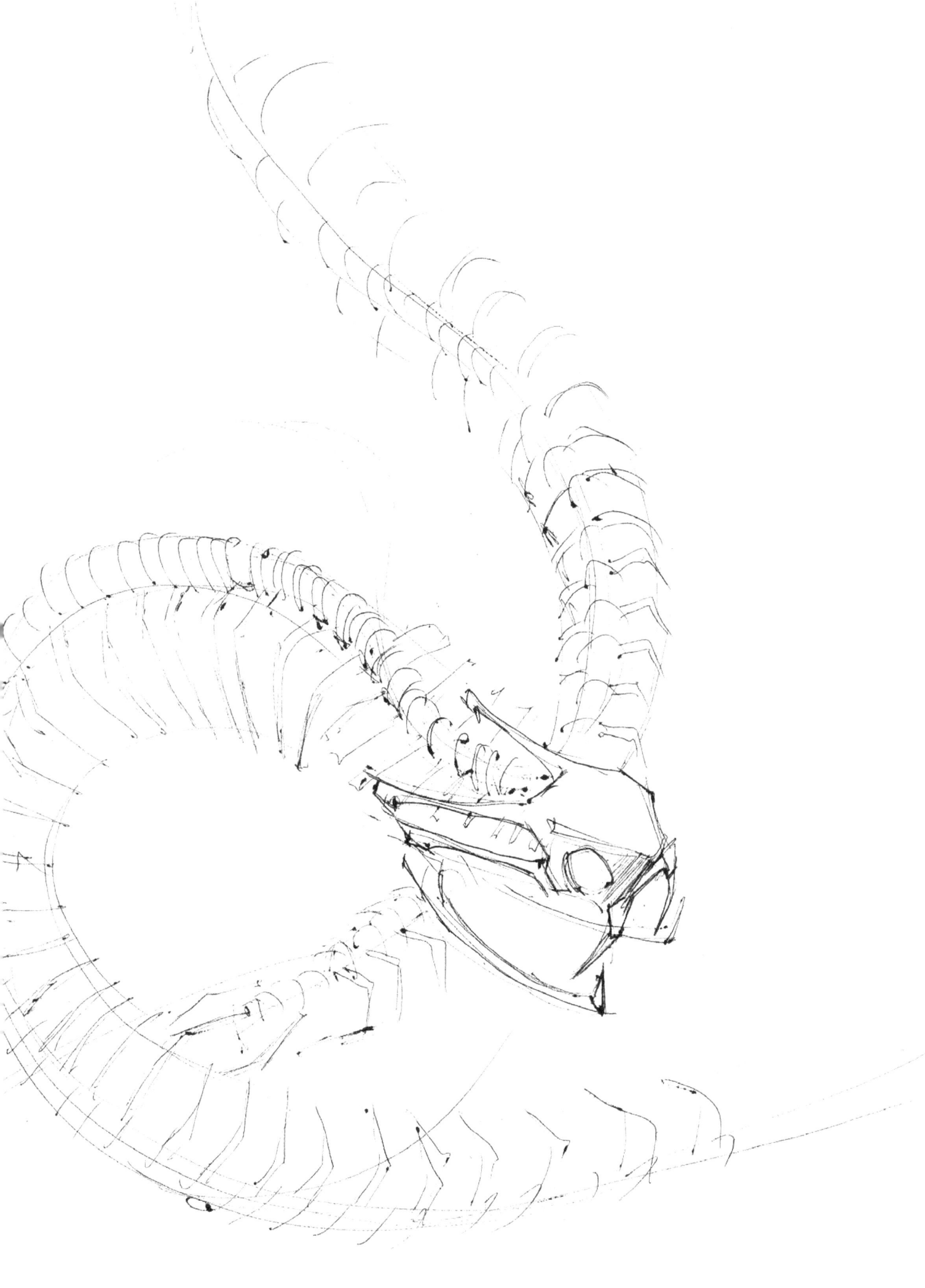

ATEN

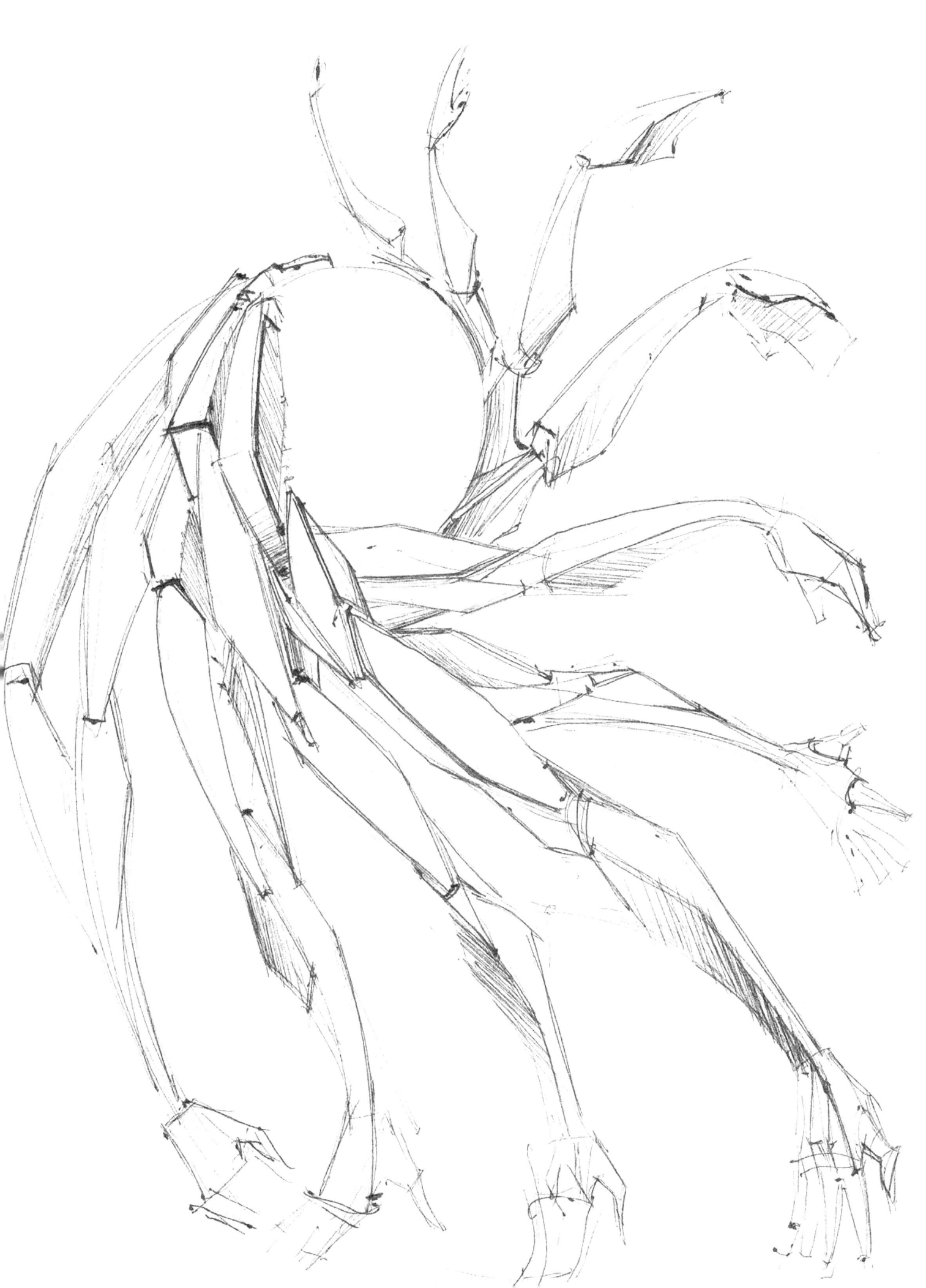

ATUM

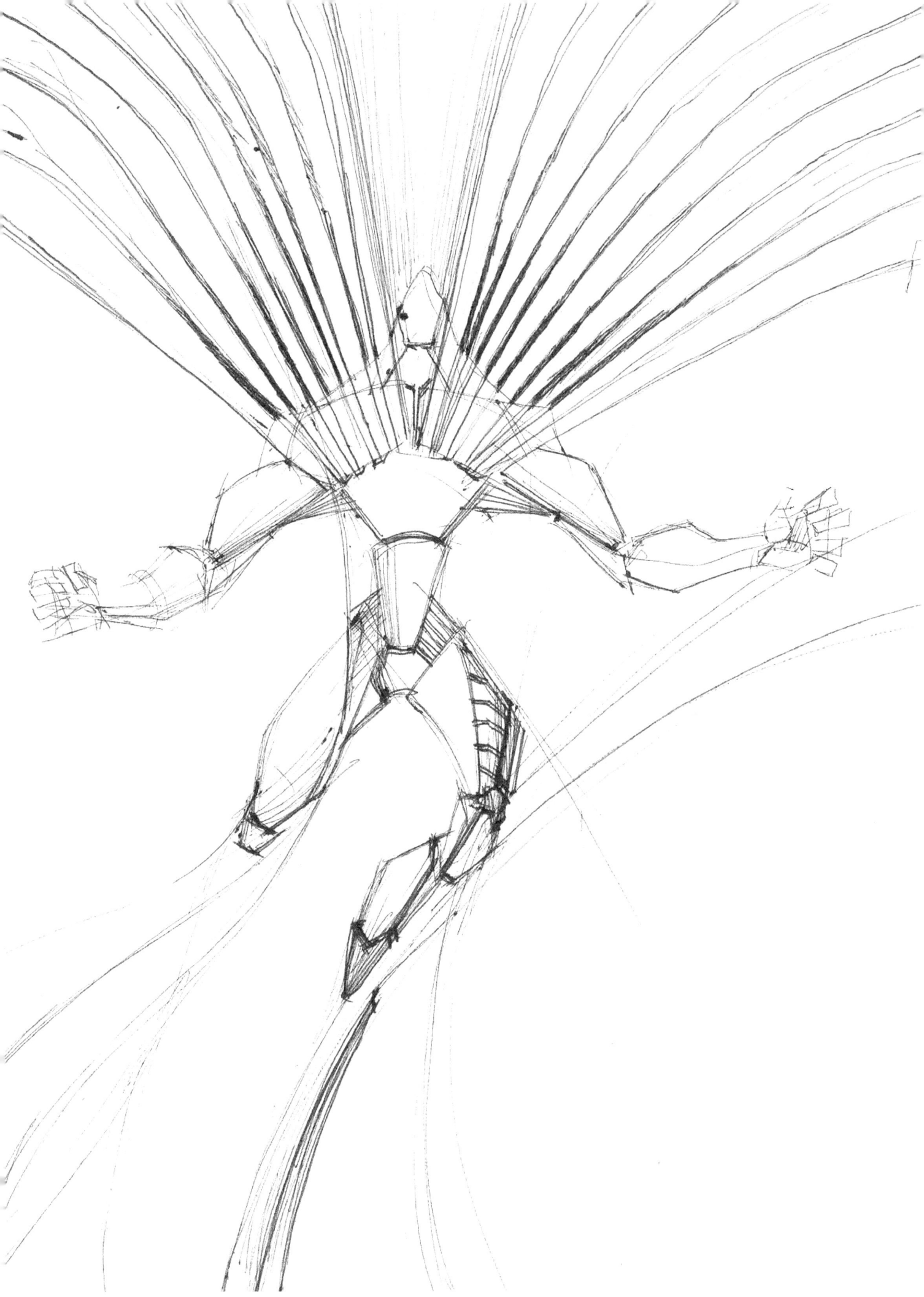

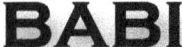

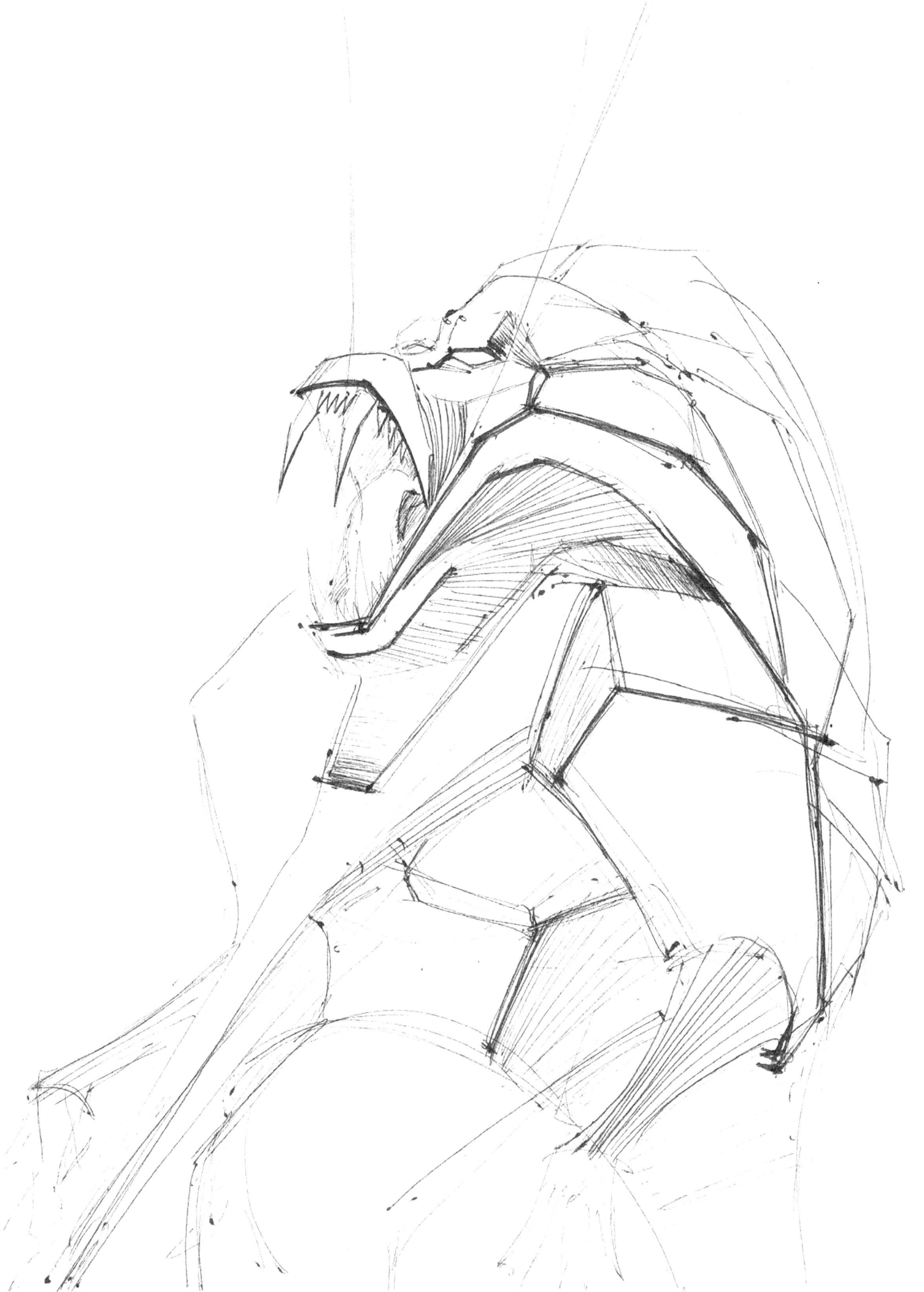

BA-PEF

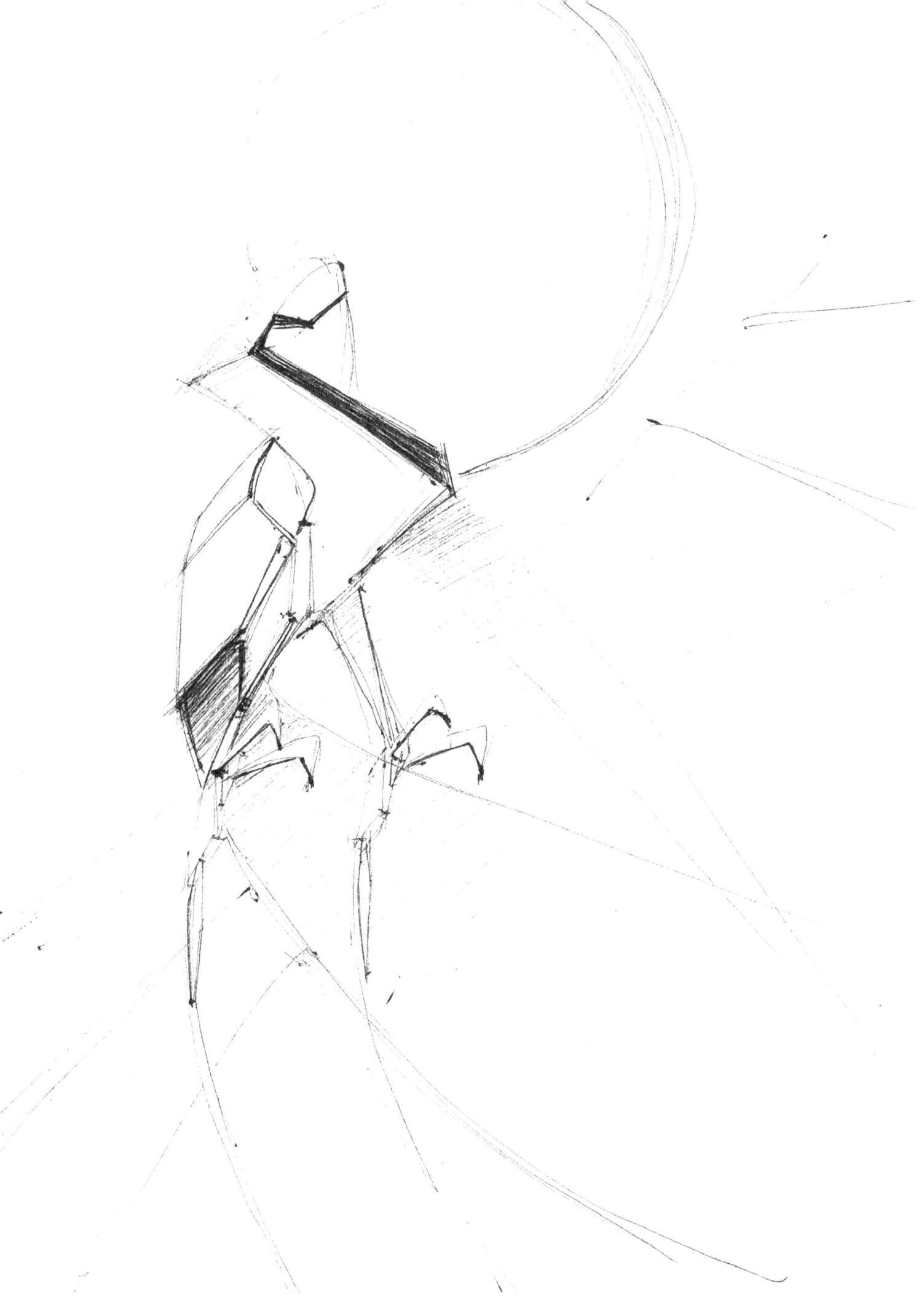

BES

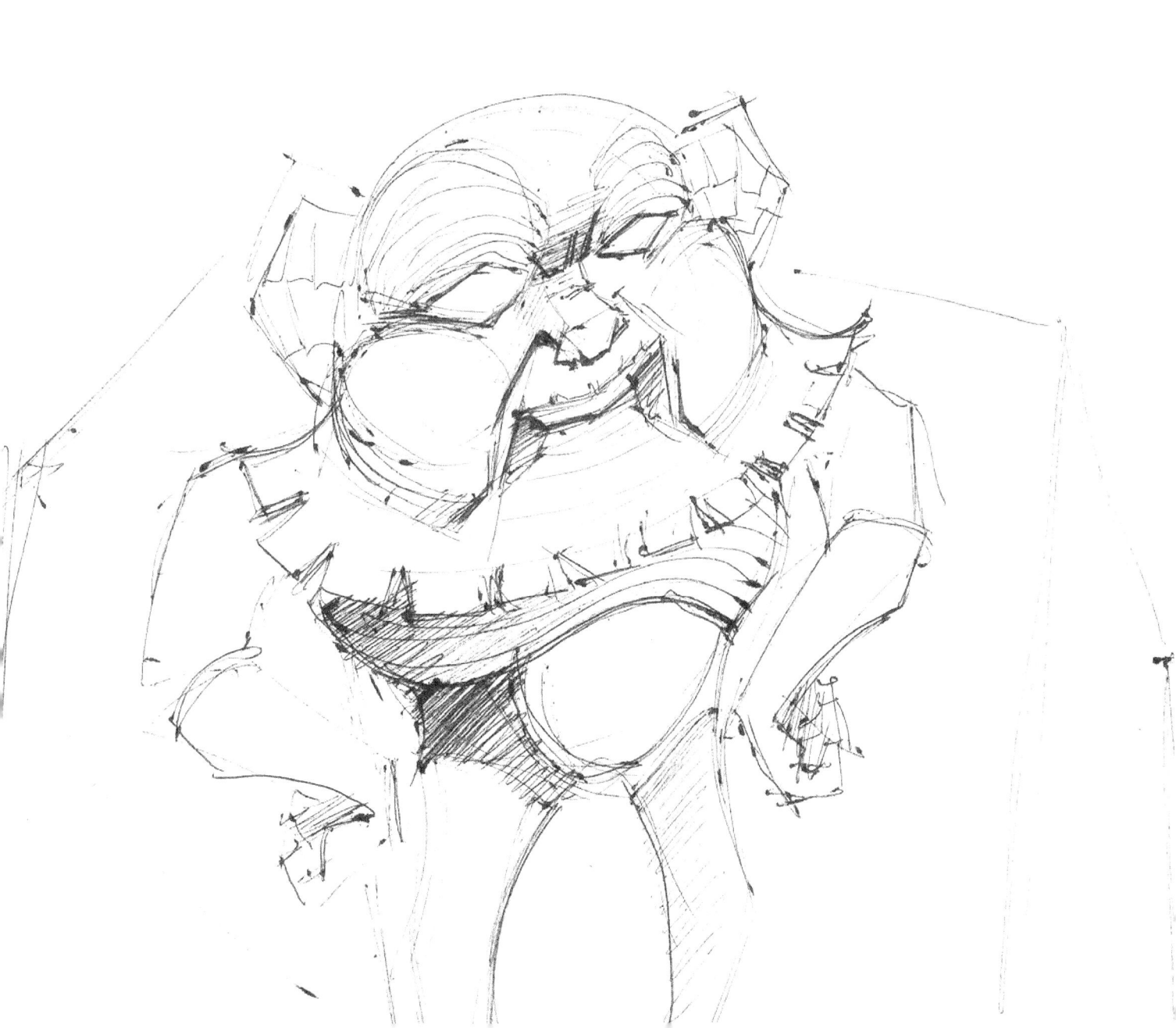

GEB

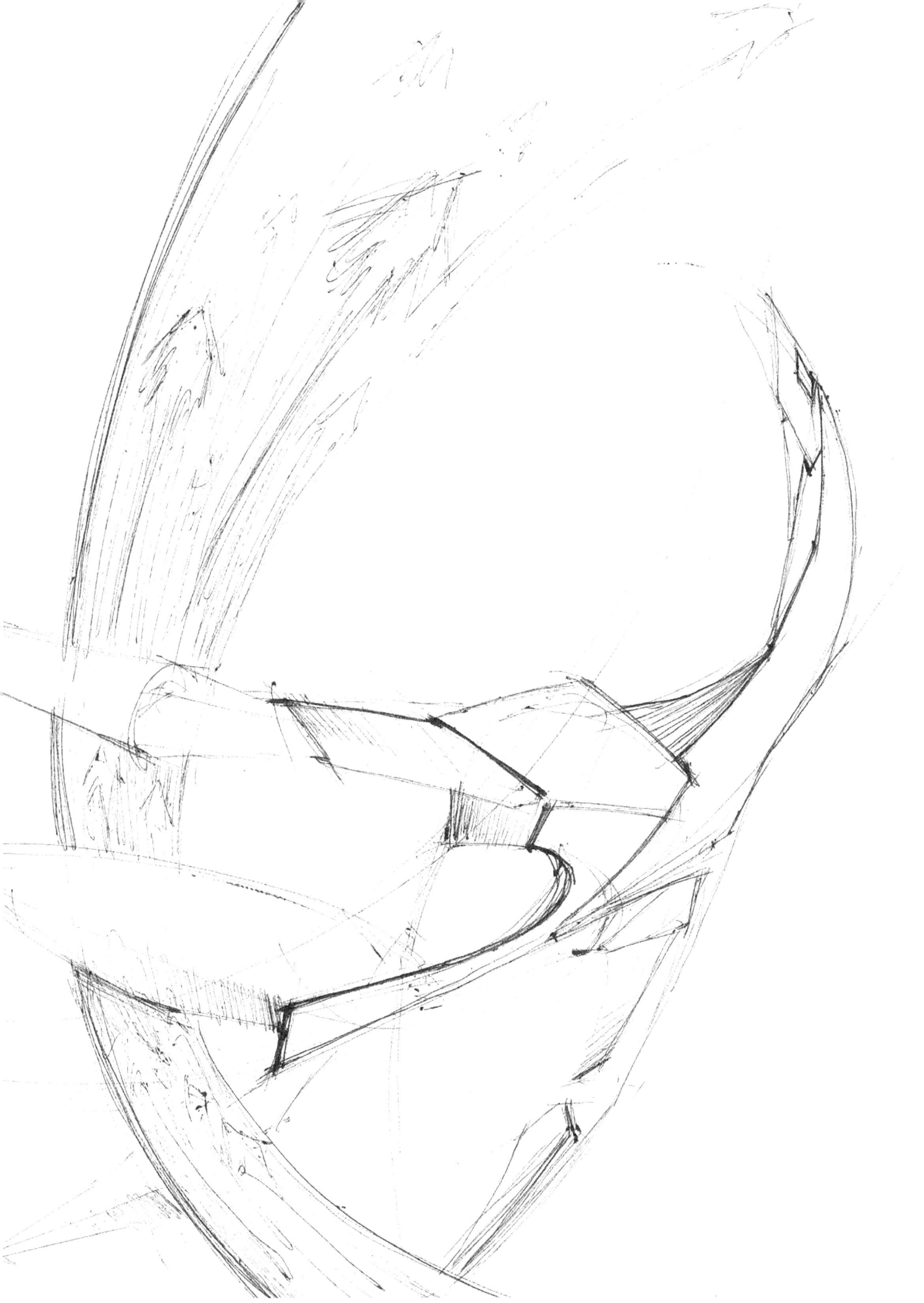

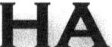HA

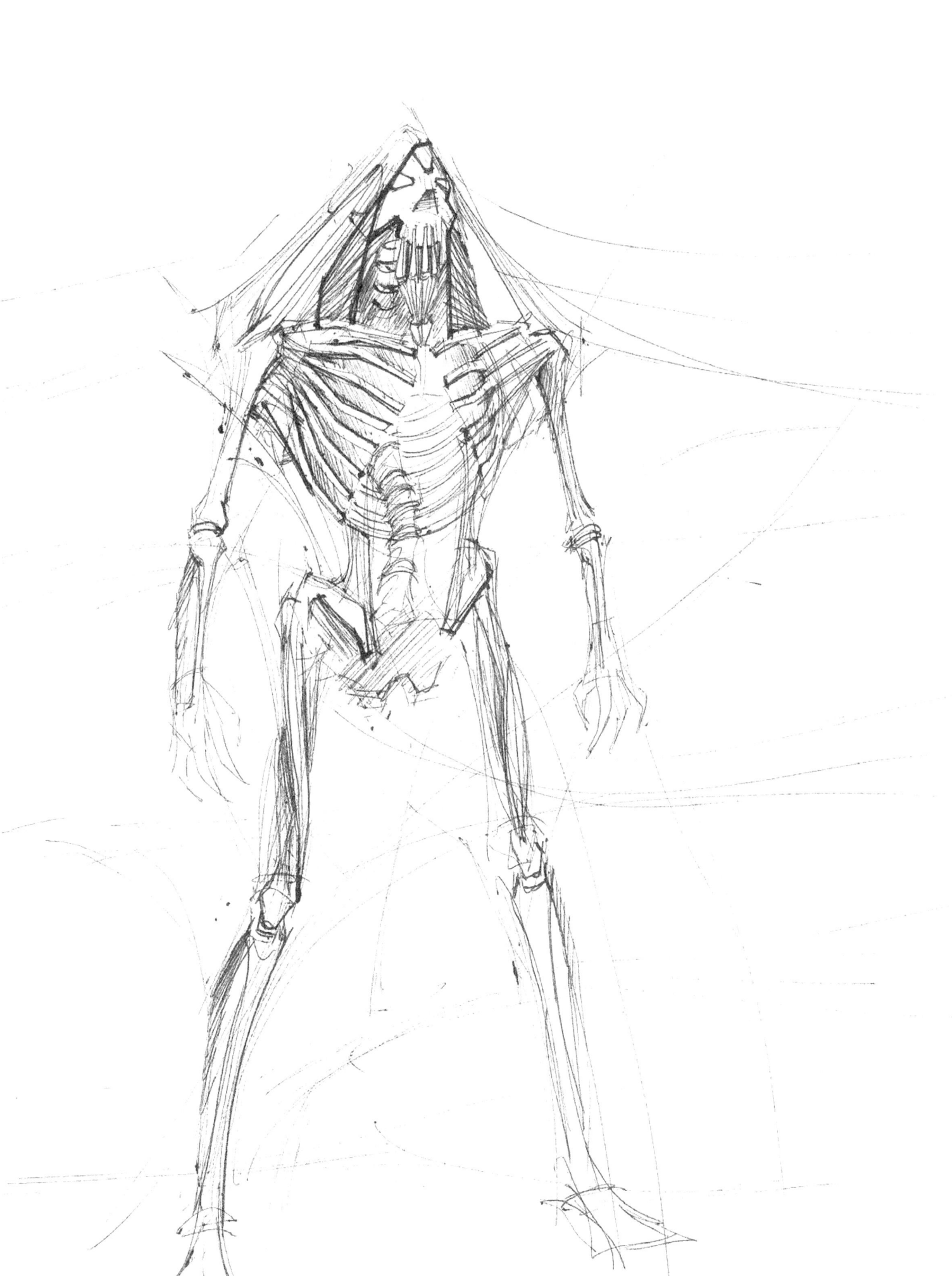

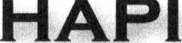

HAPI

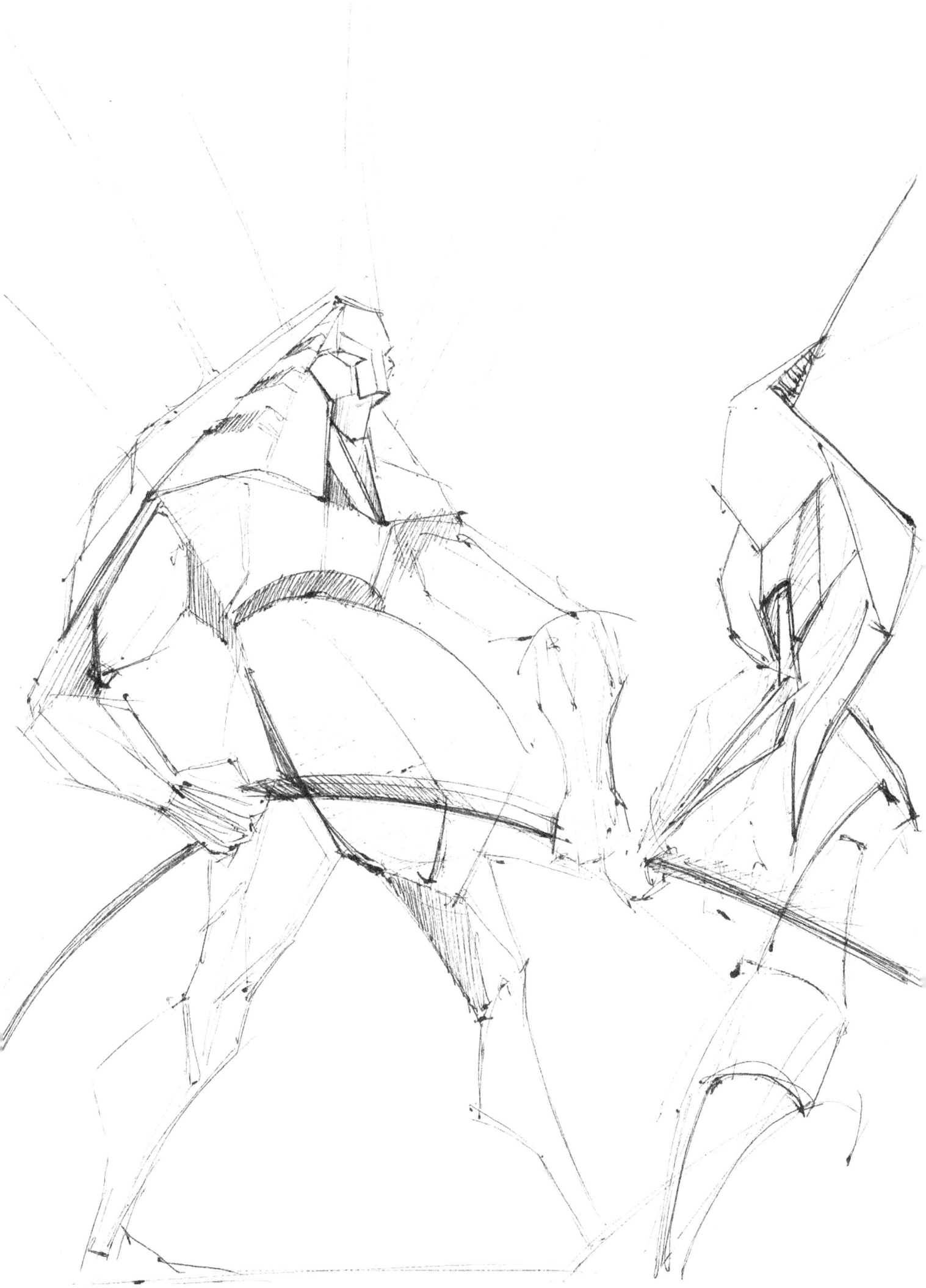

HEDETET

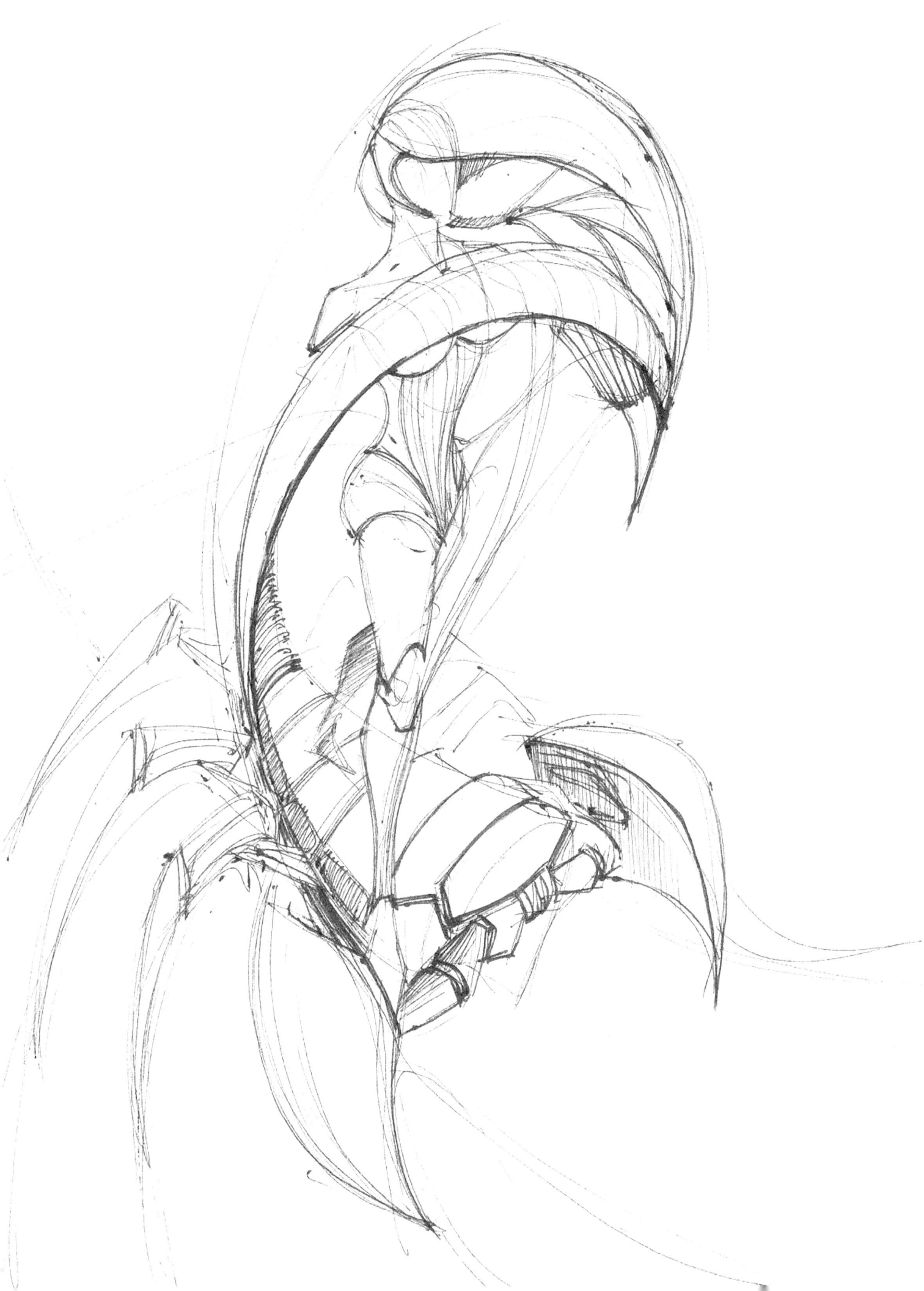

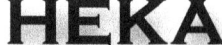

HEKA

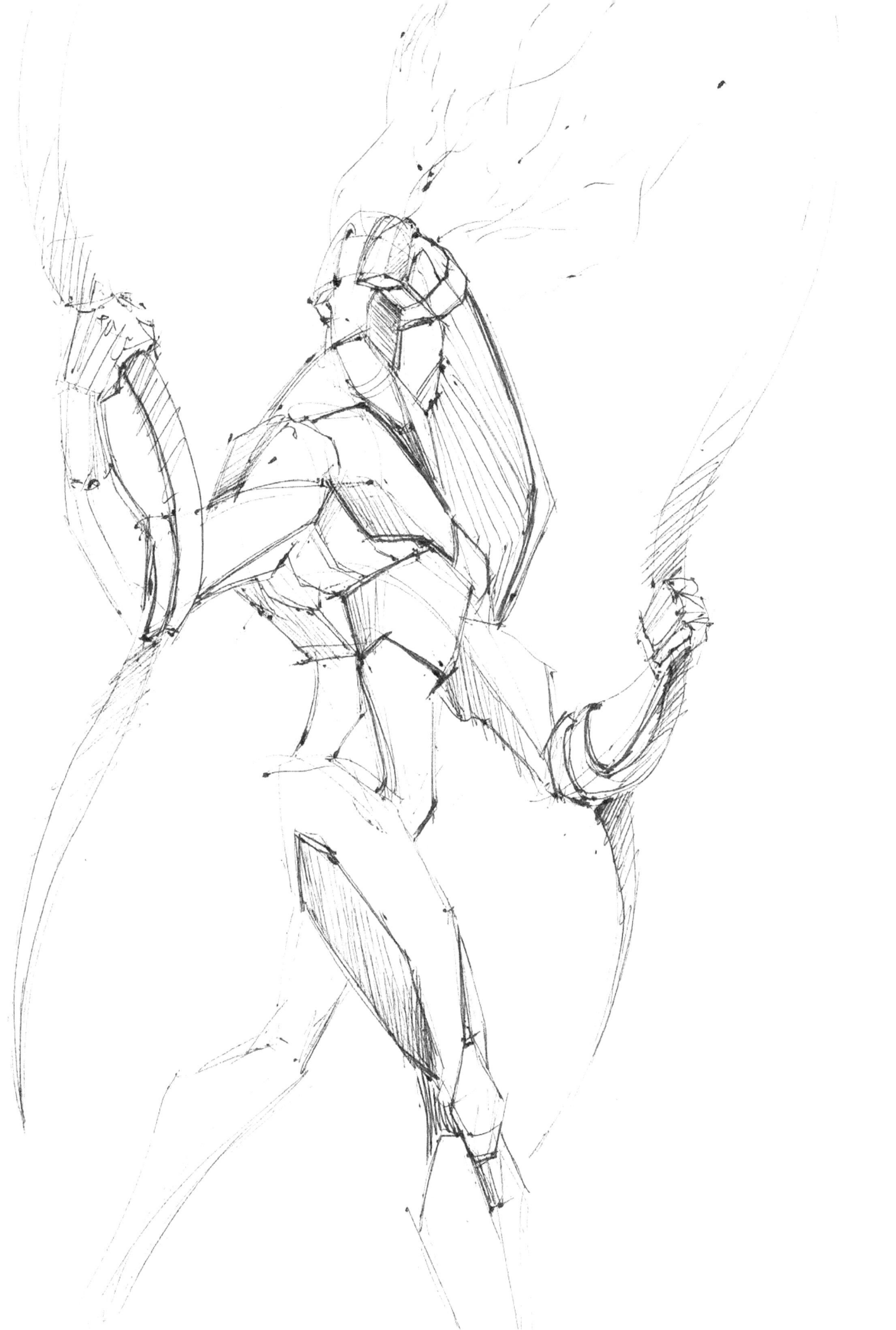

HEQET

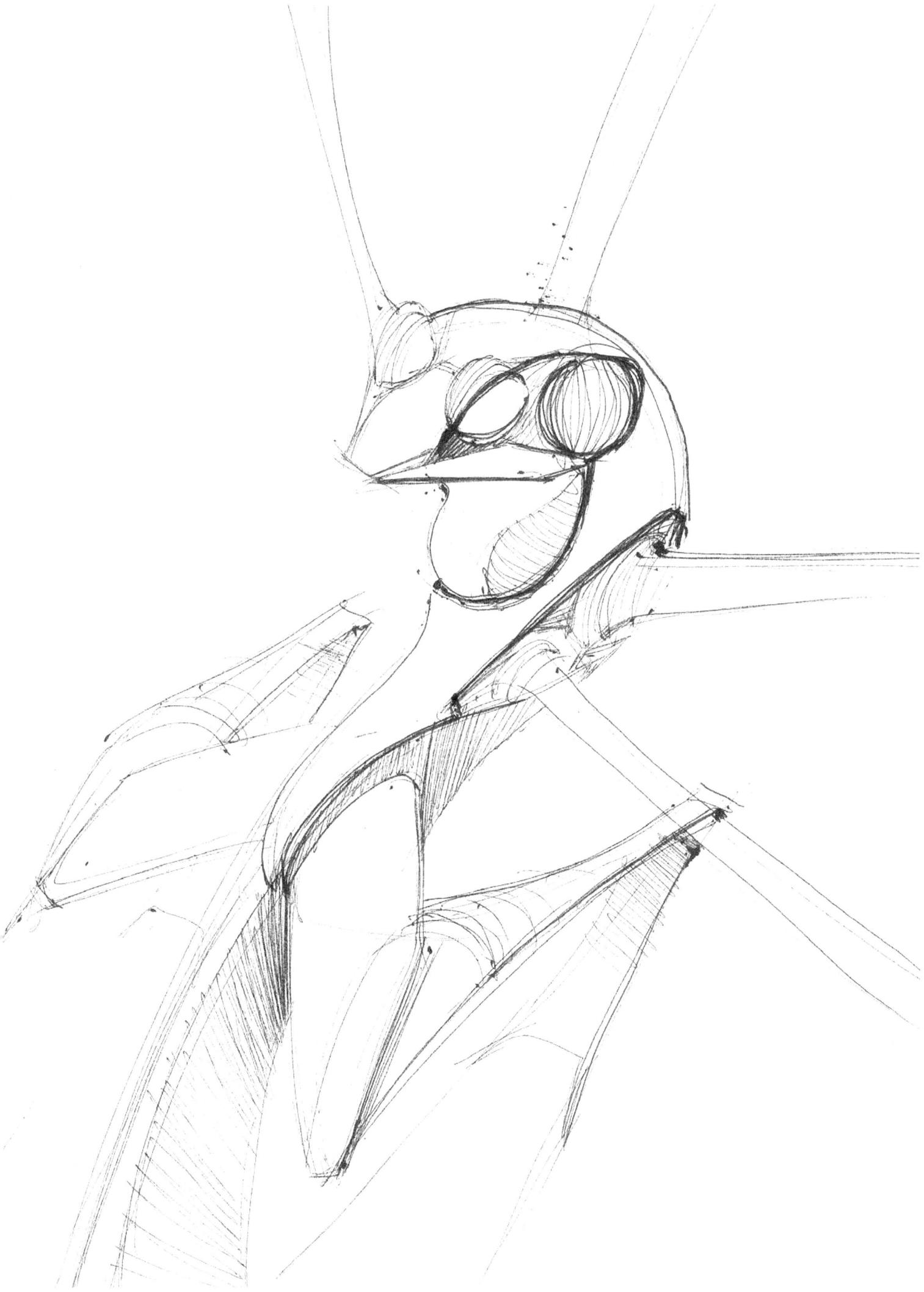

HERYSHAF

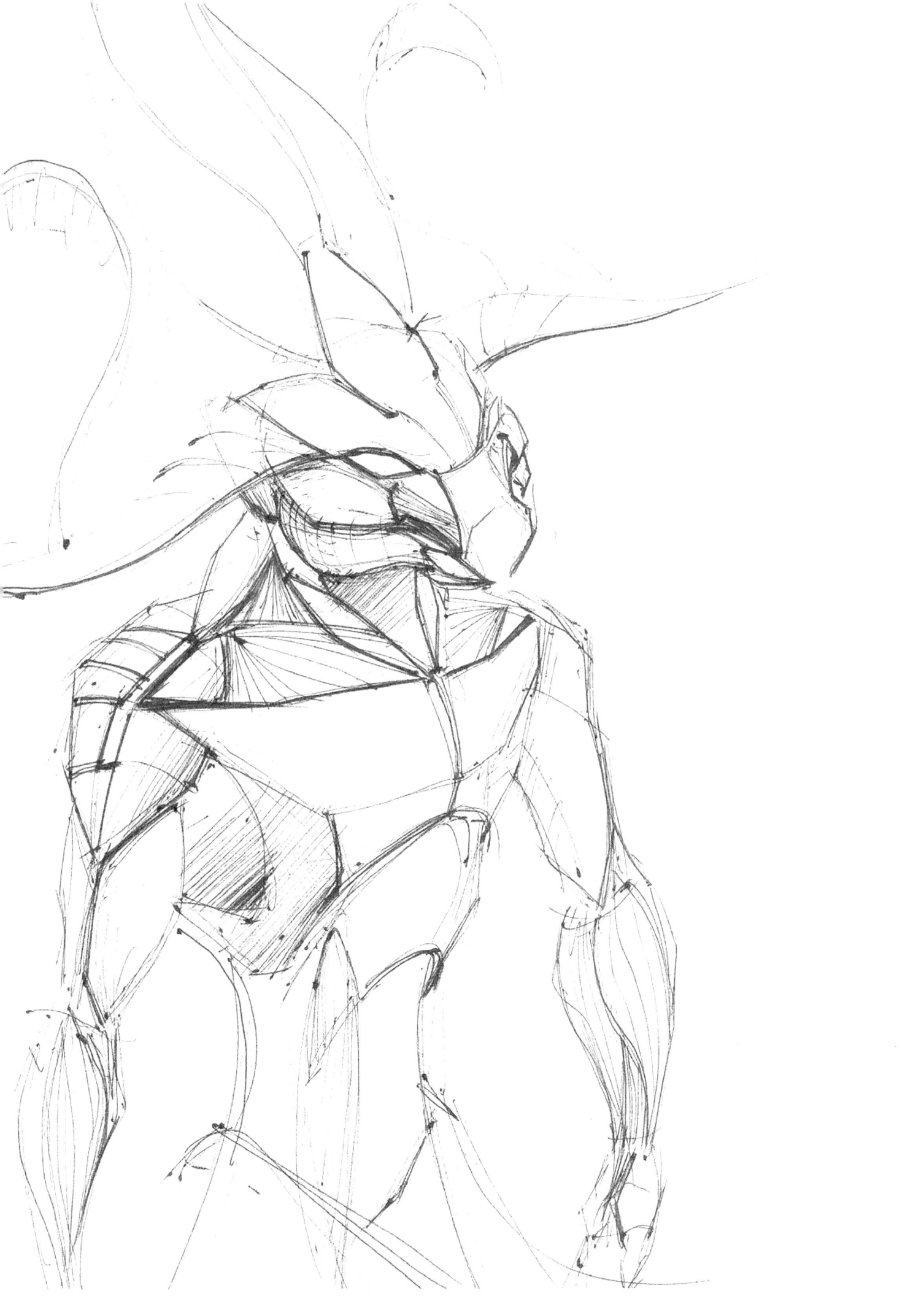

HORUS 1

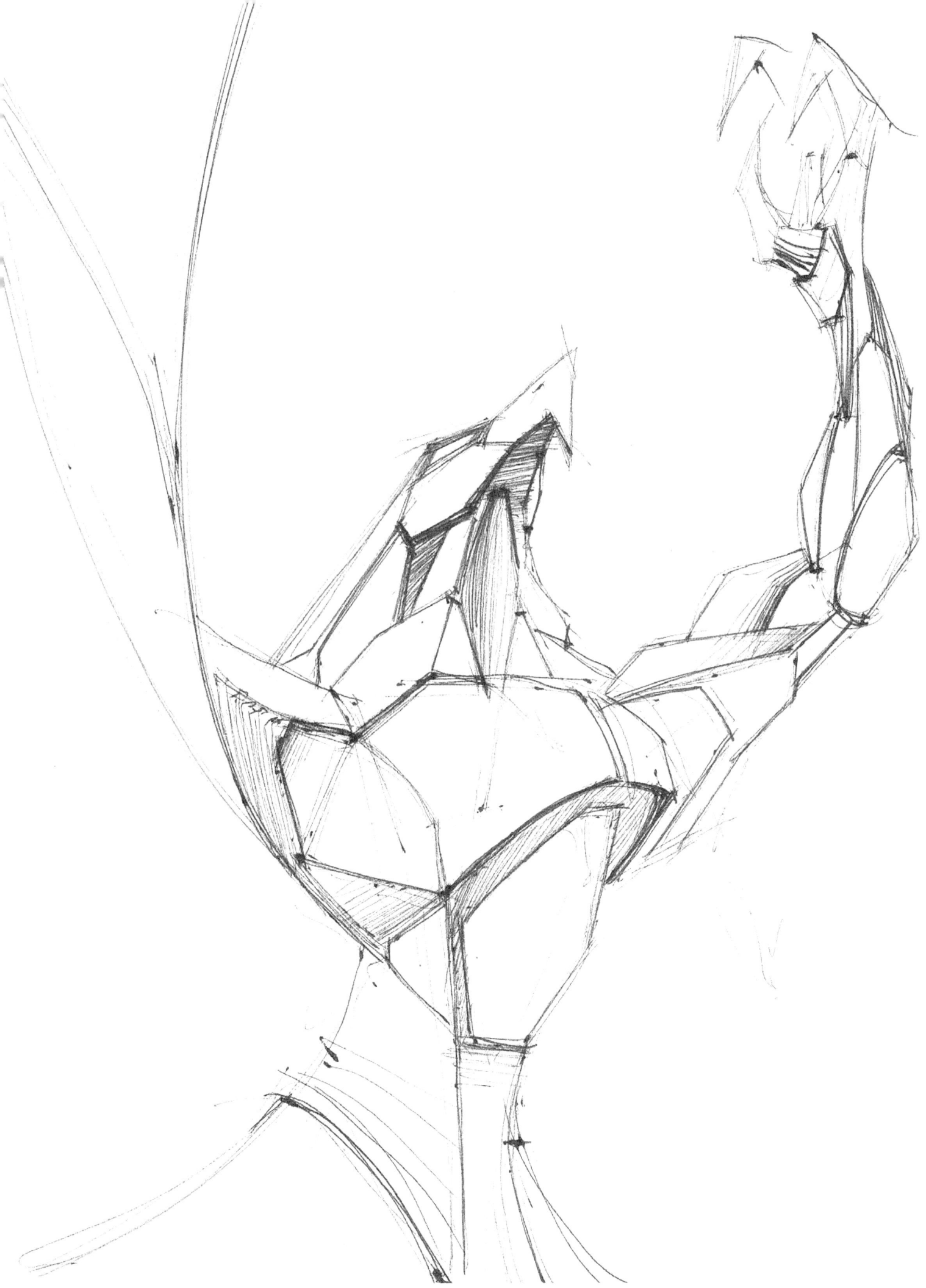

HORUS 2

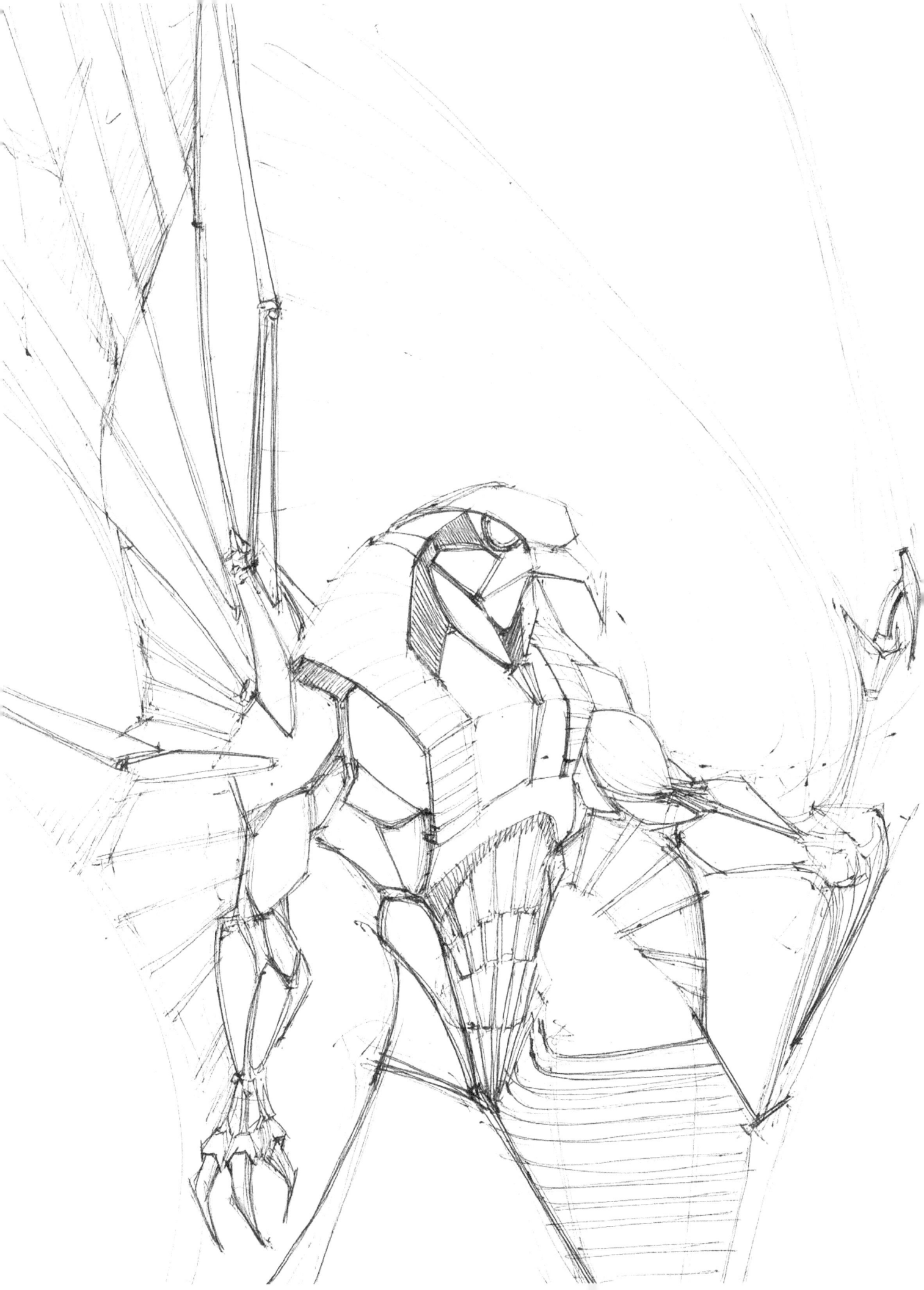

HUH

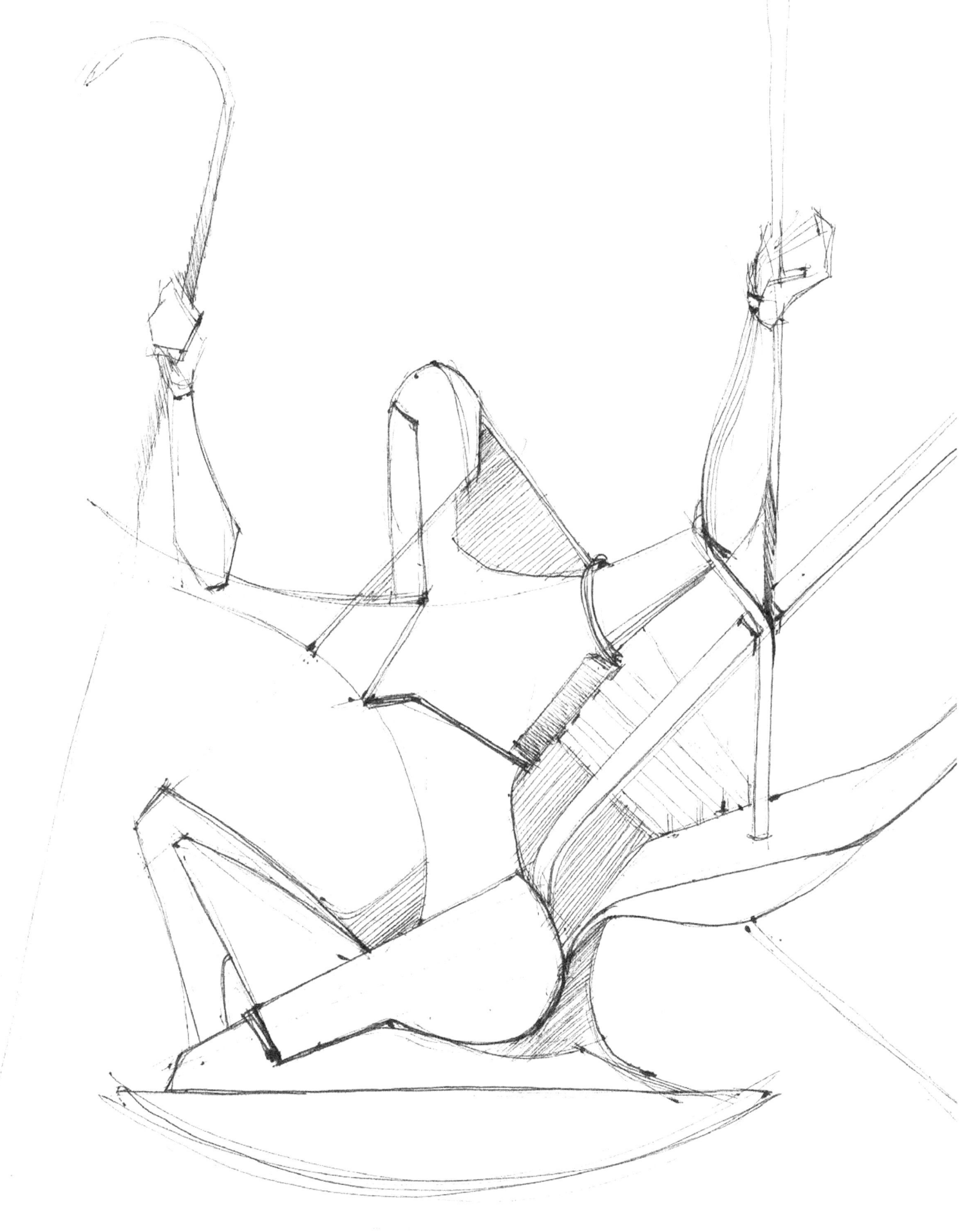

ISIS

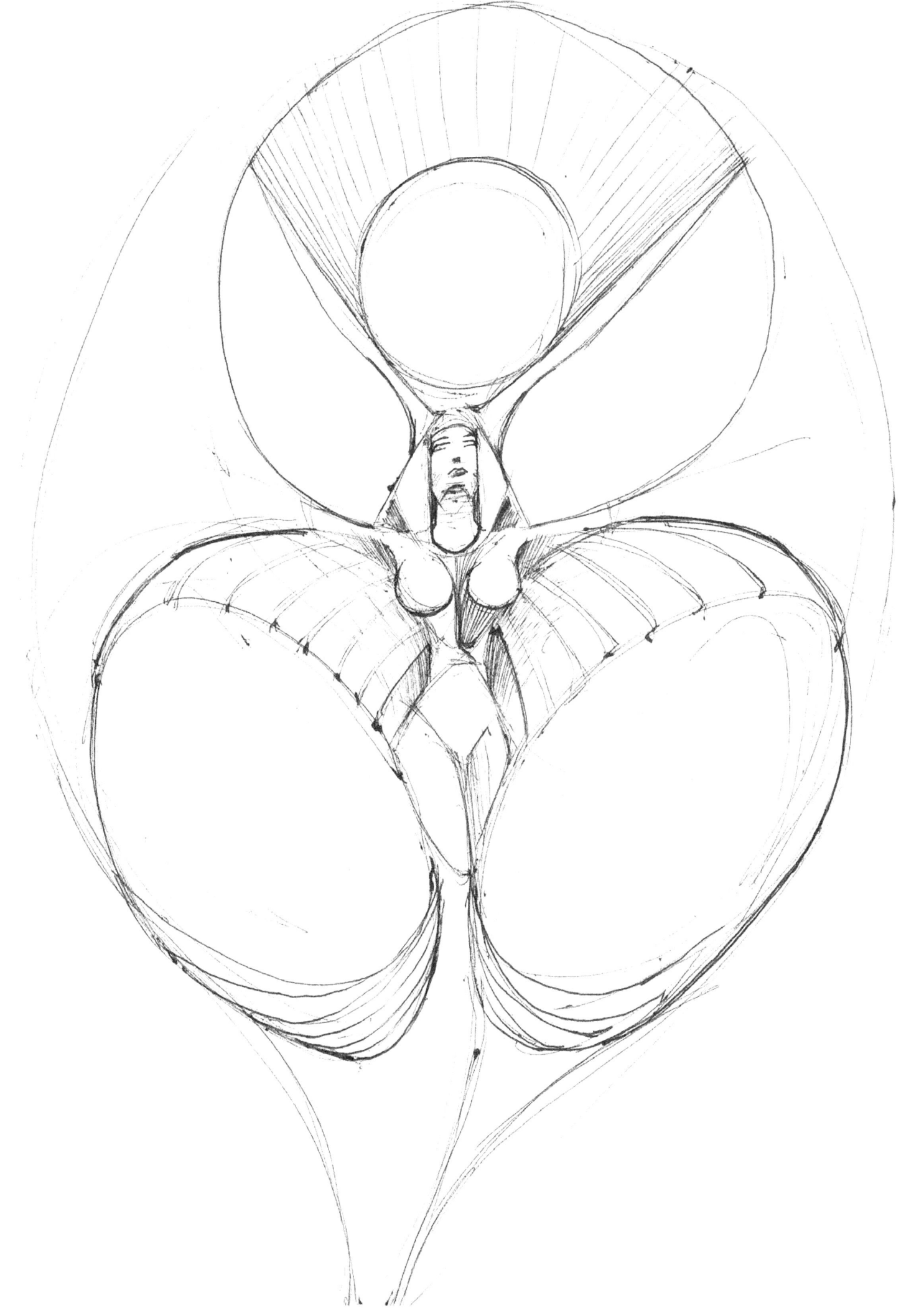

KHEPRI

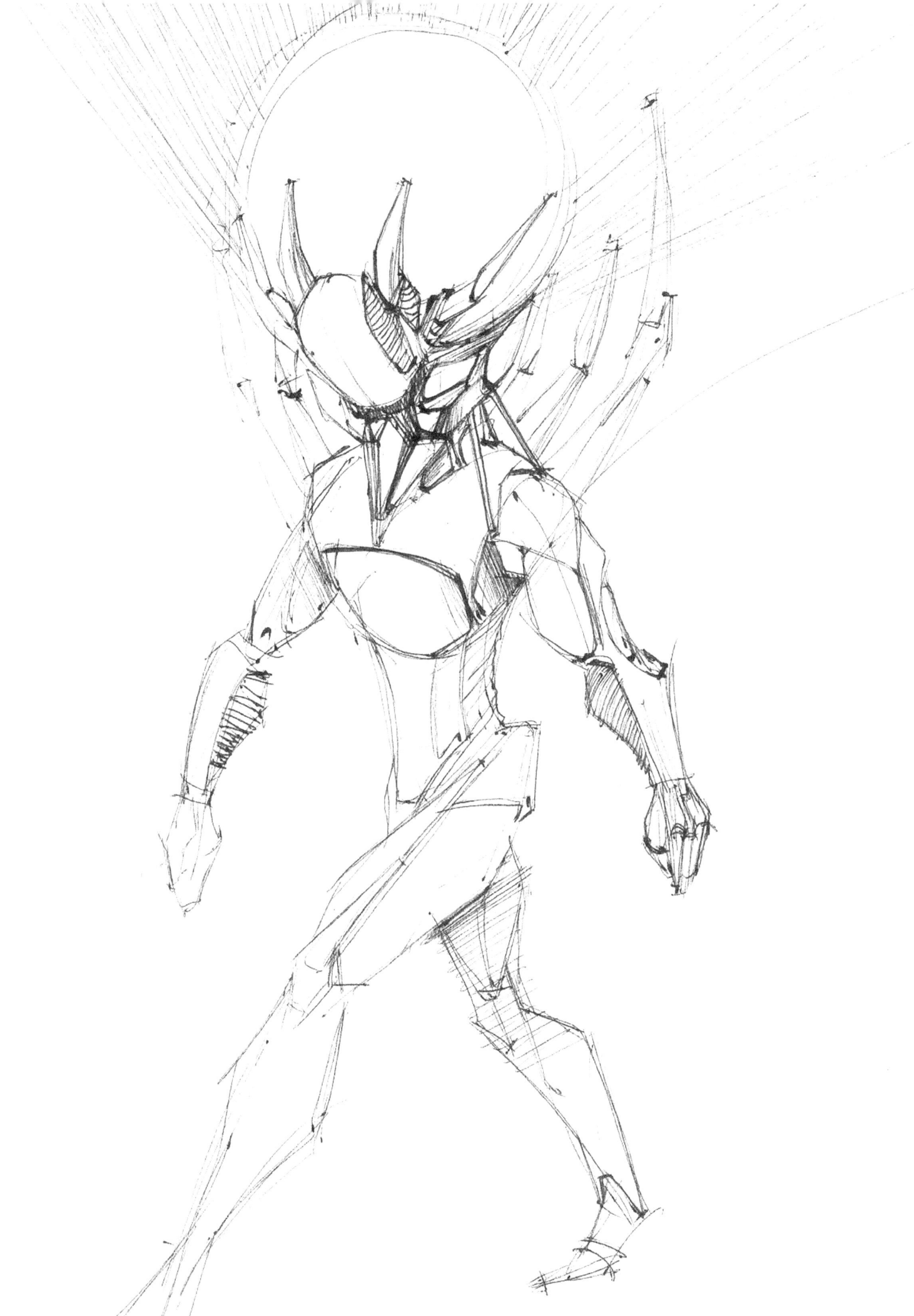

KHNUM

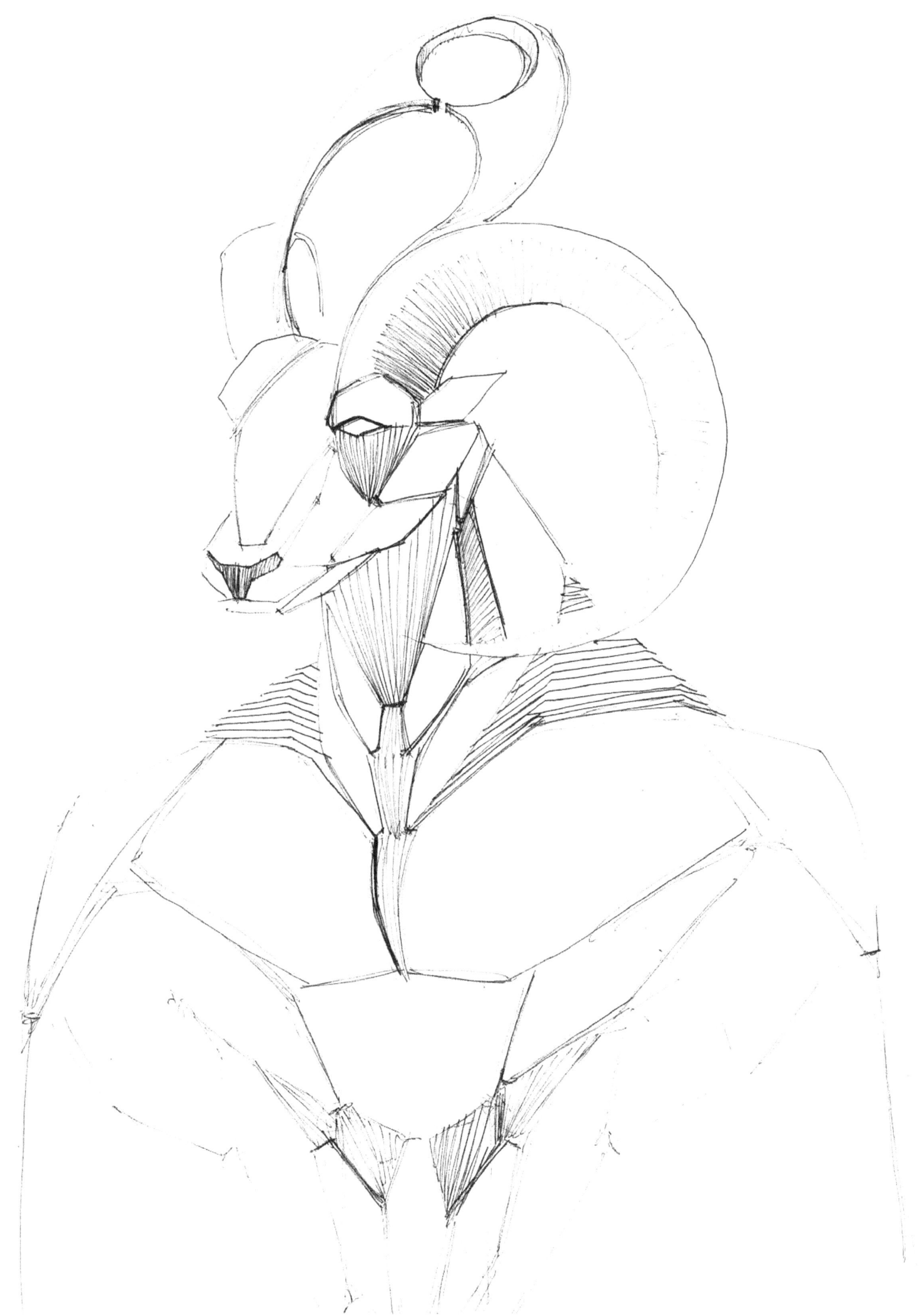

KHONSU

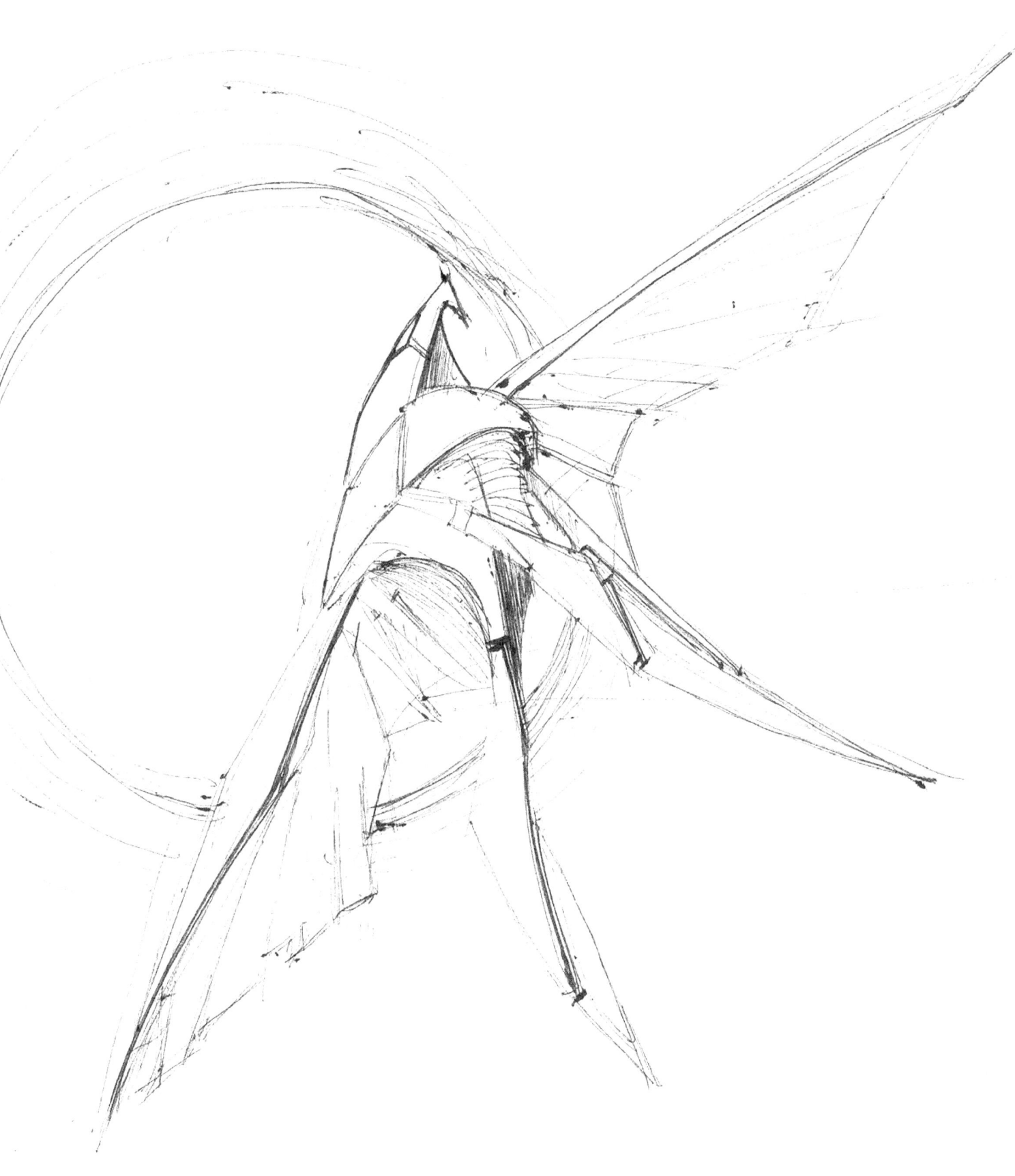

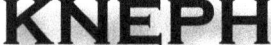
KNEPH

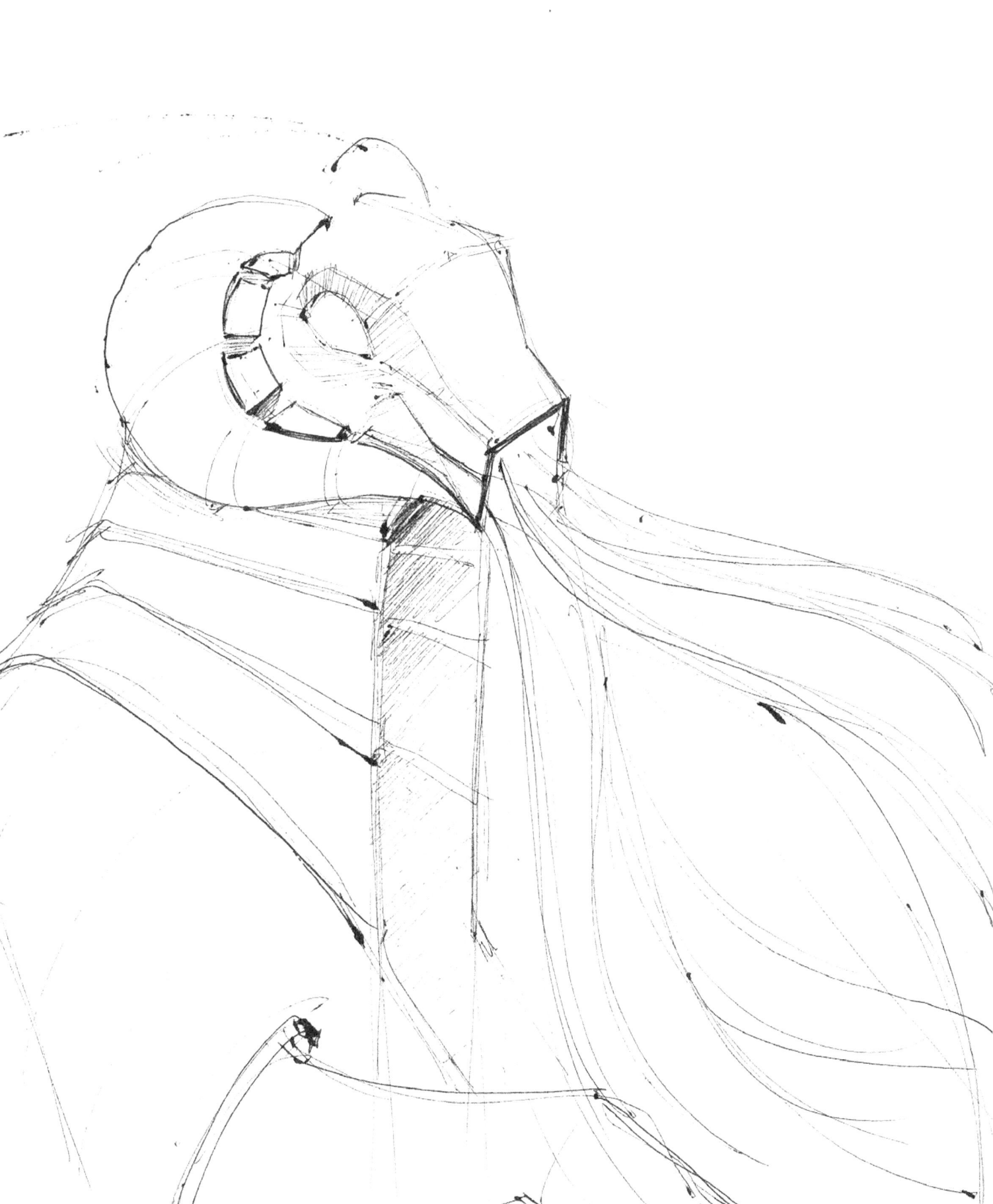

KUK

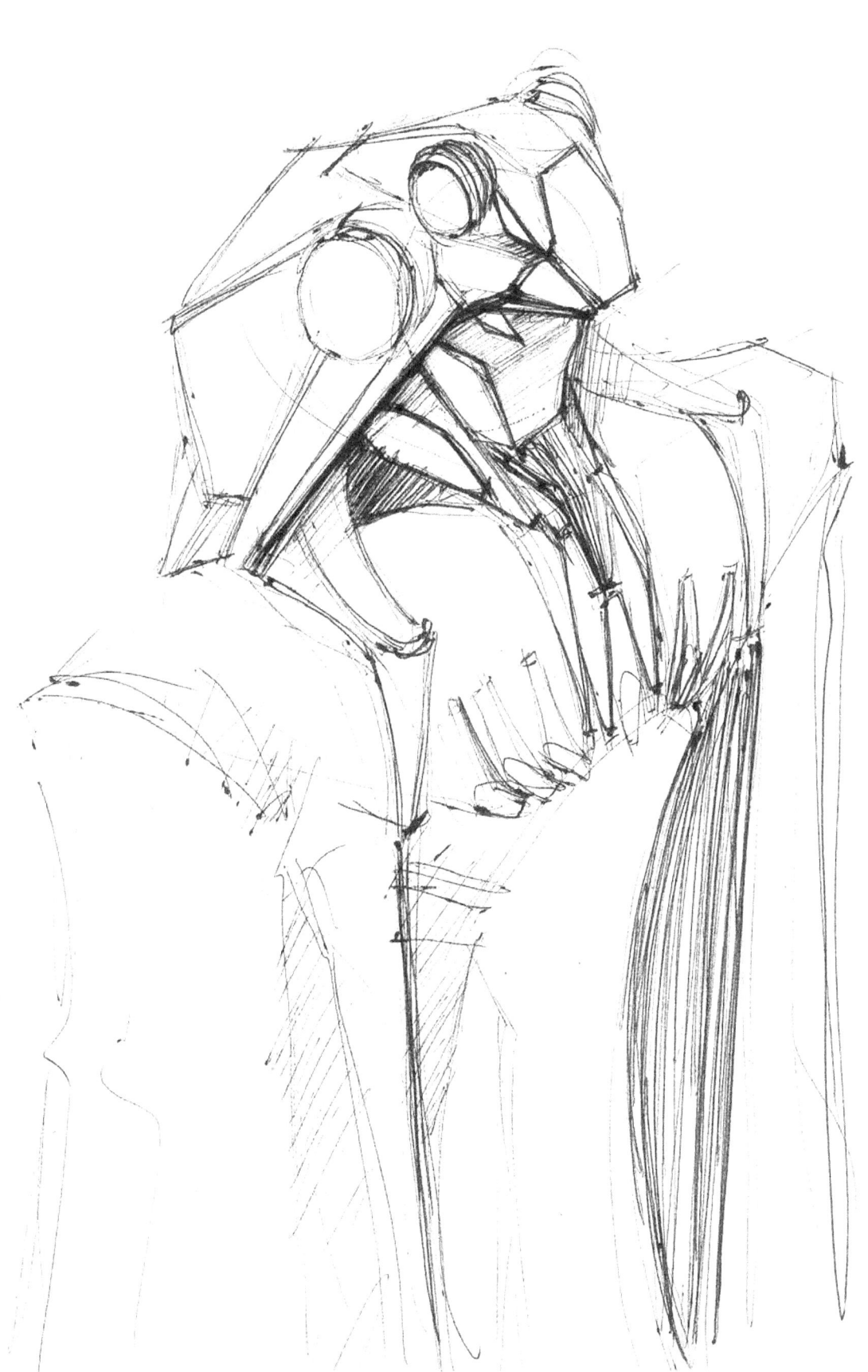

LUSAASET

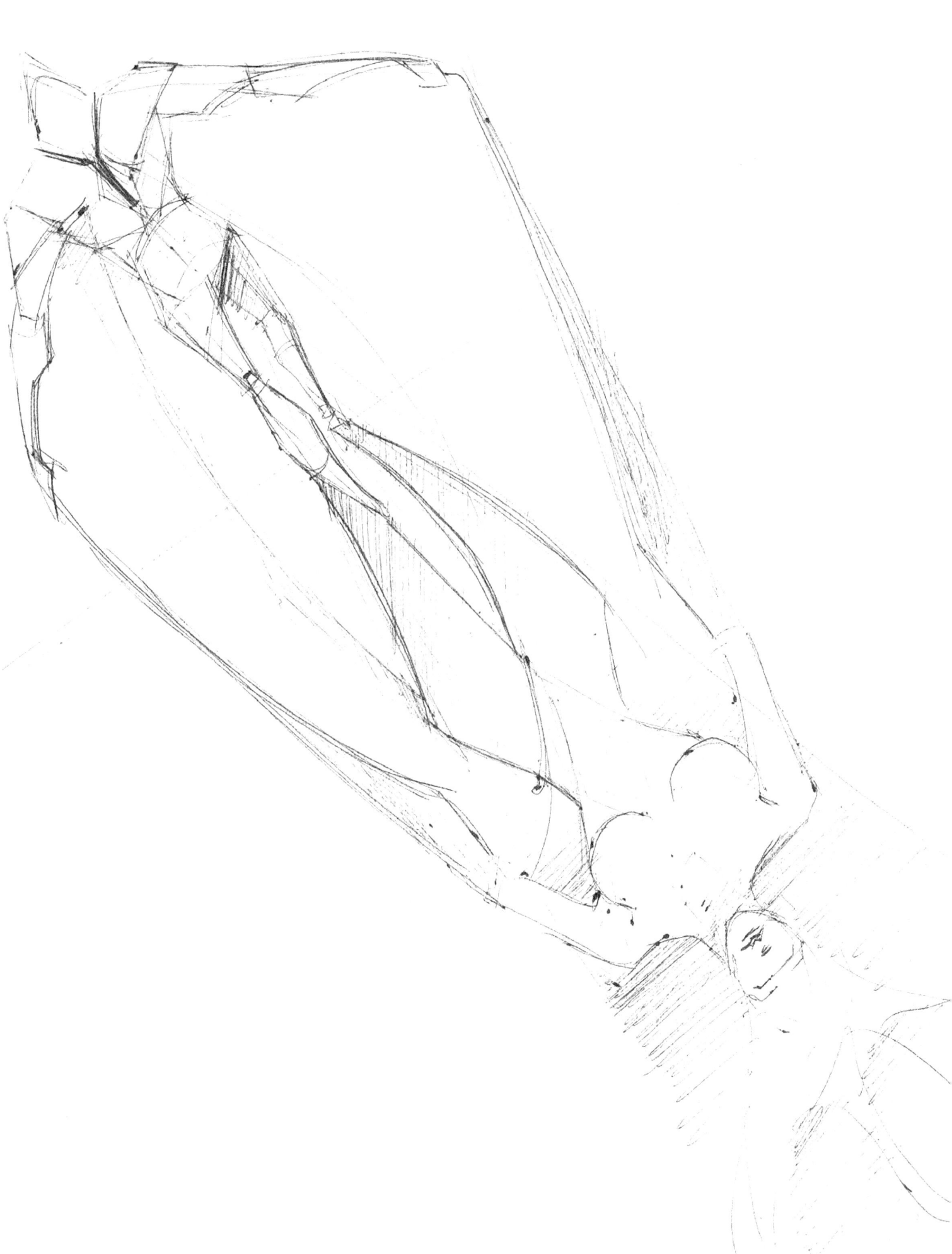

MAAT

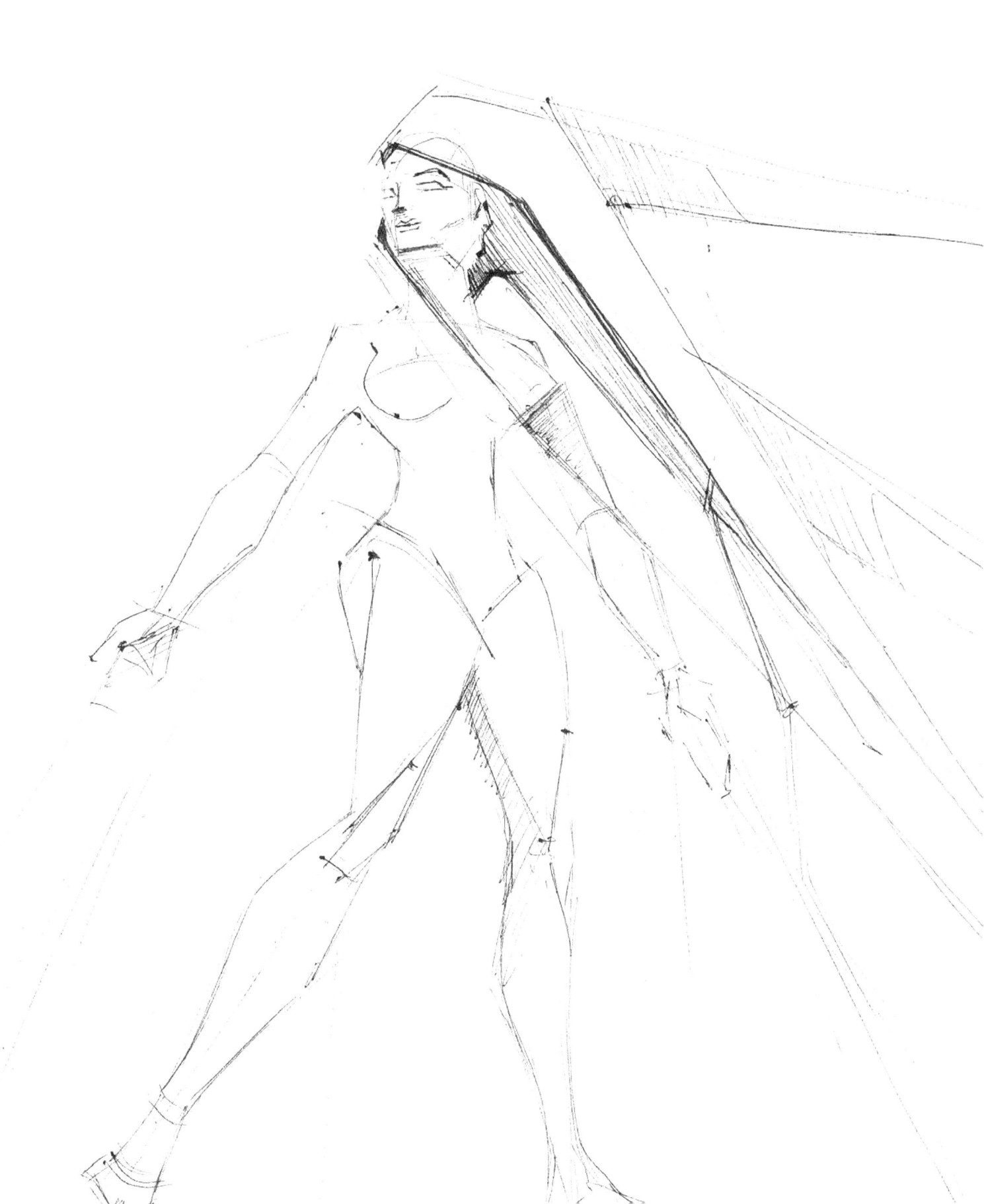

MEHEN

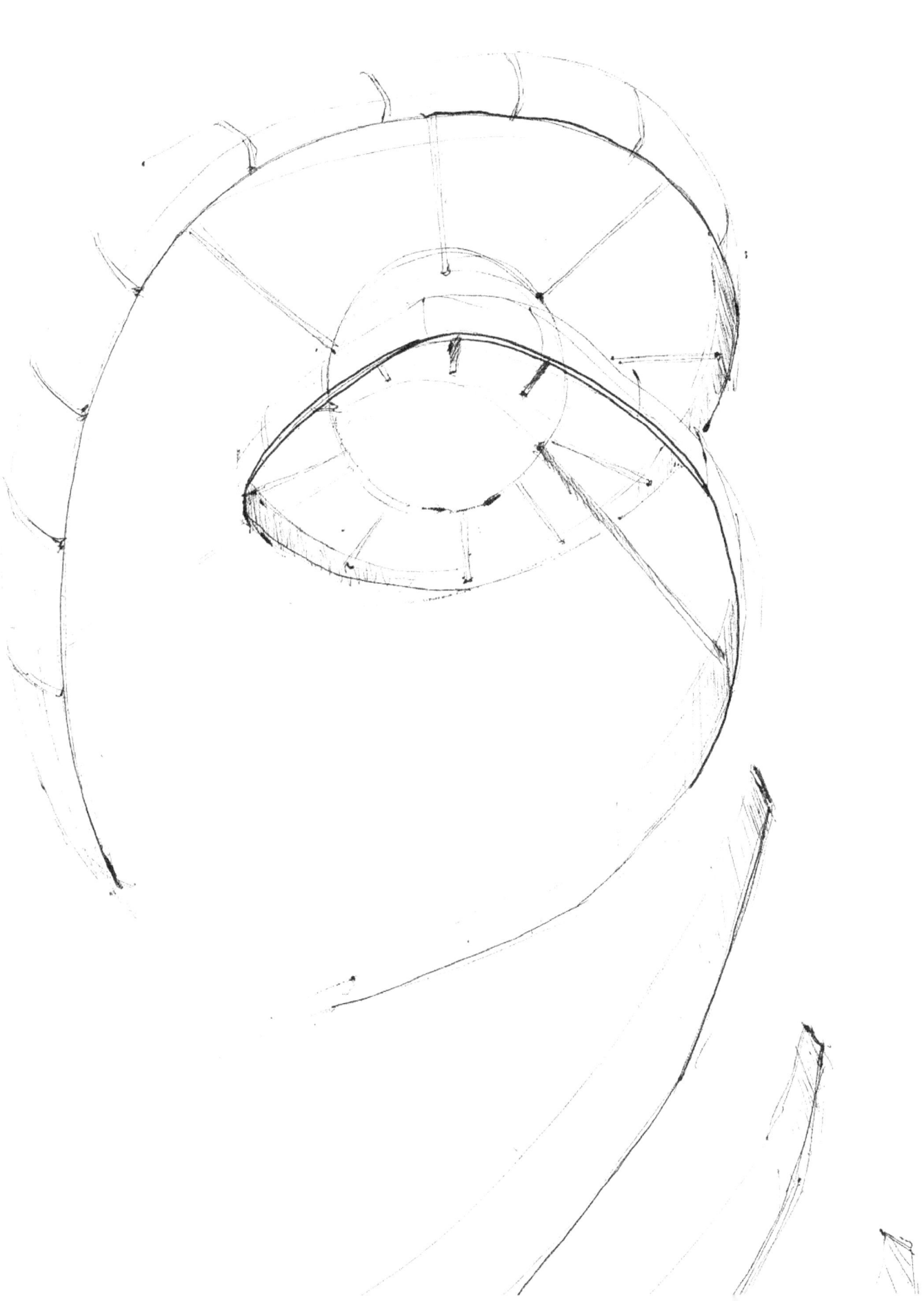

MENHIT

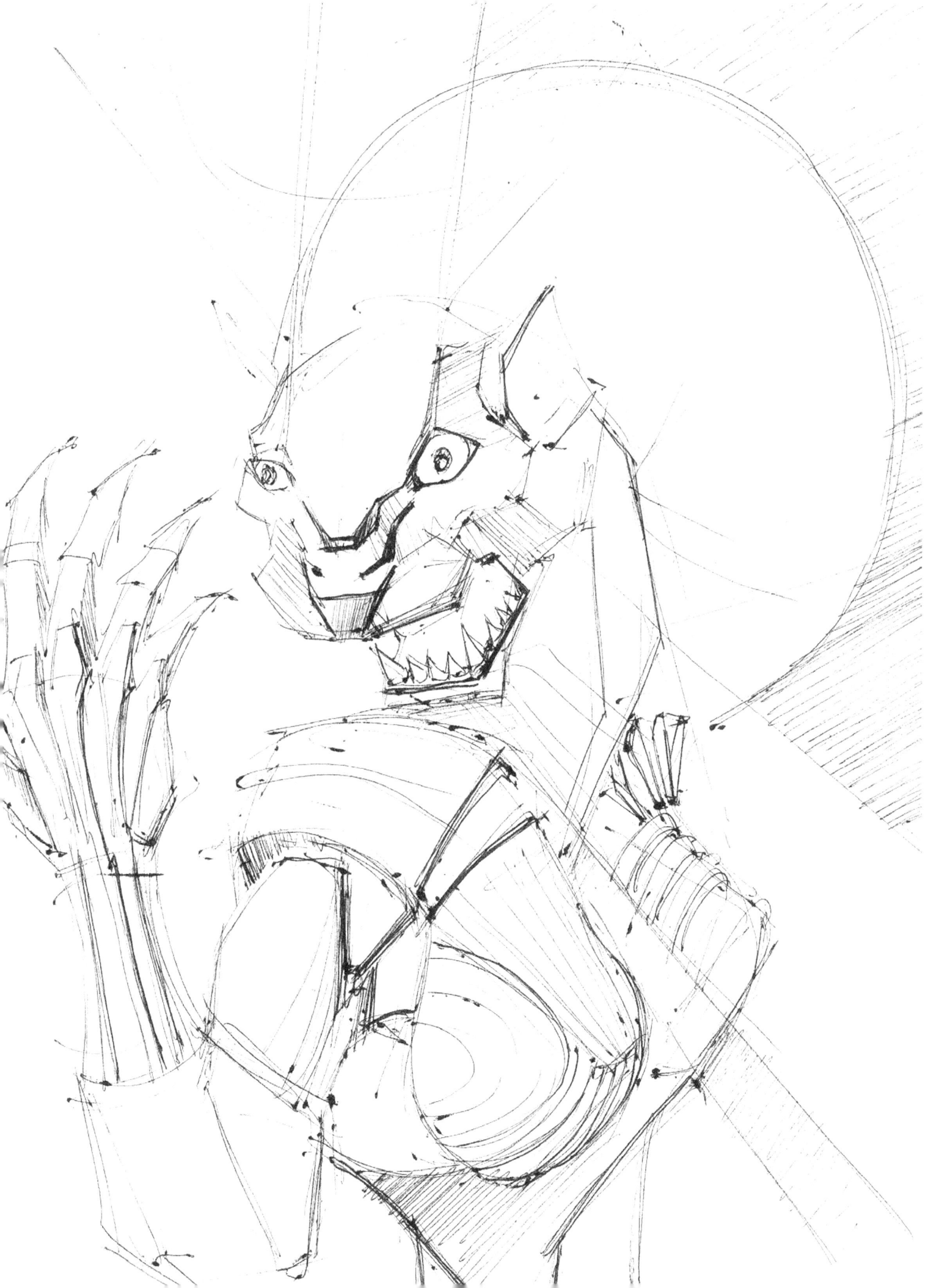

MERET

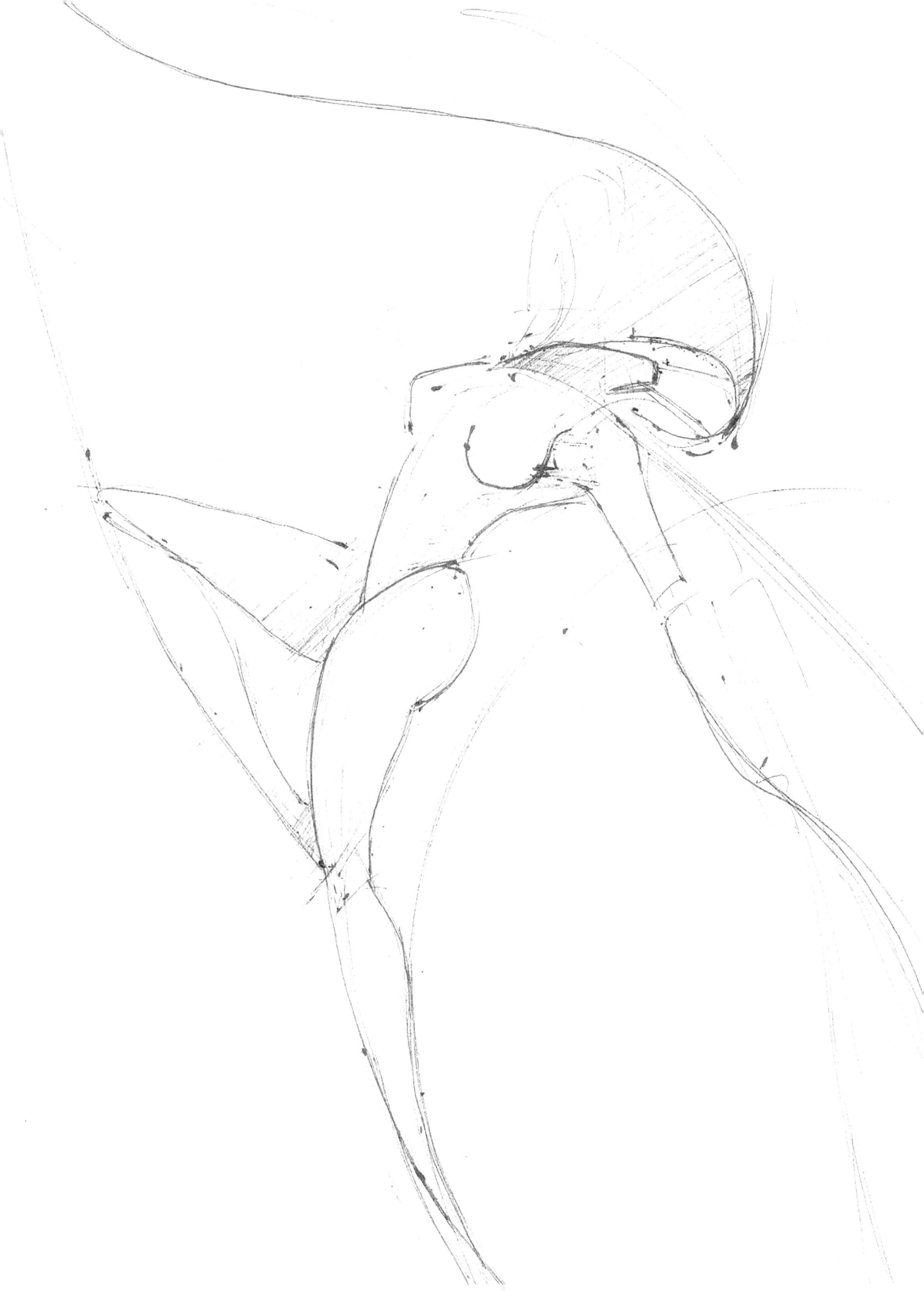

MERETSEGER

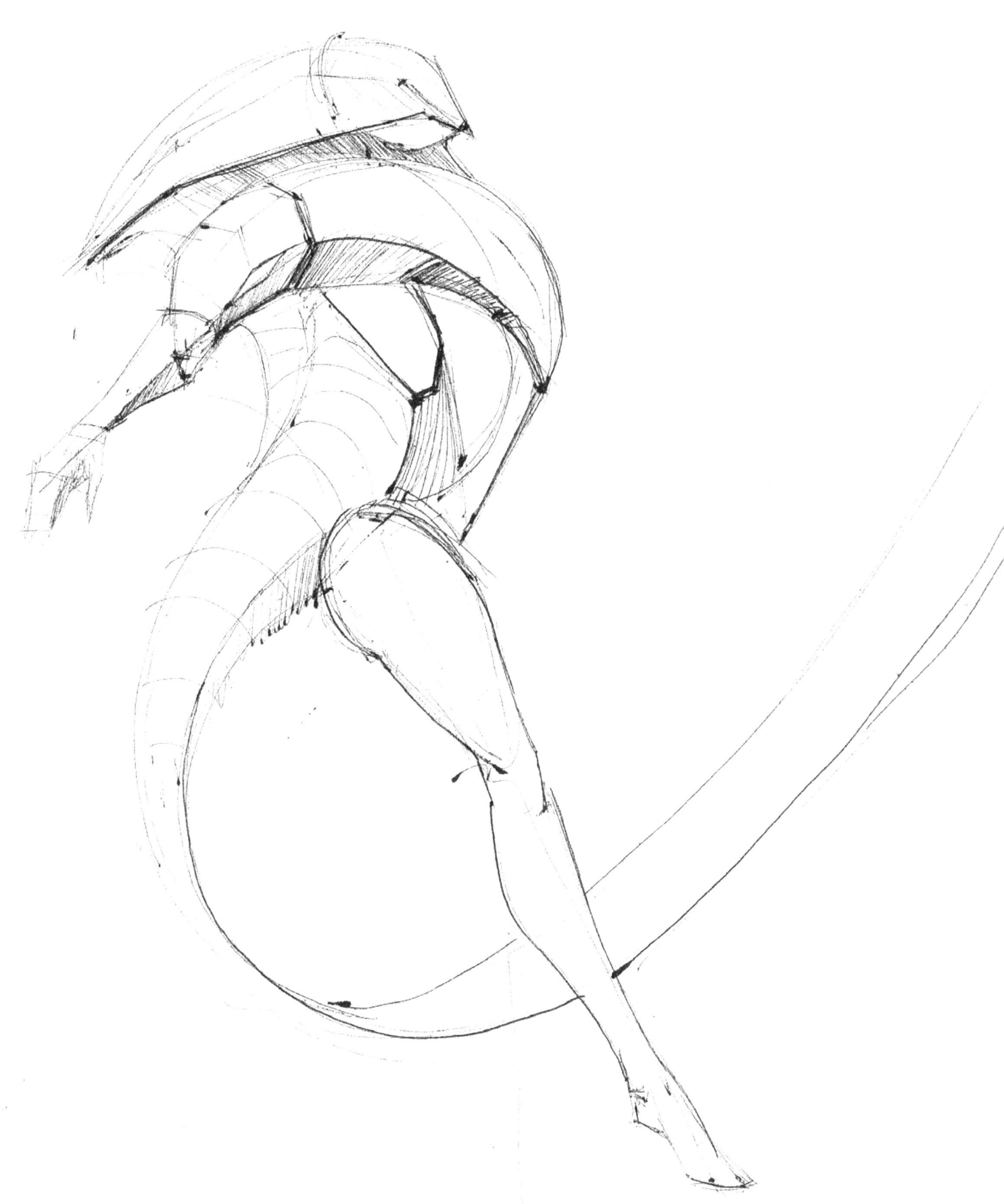

MESKHENET

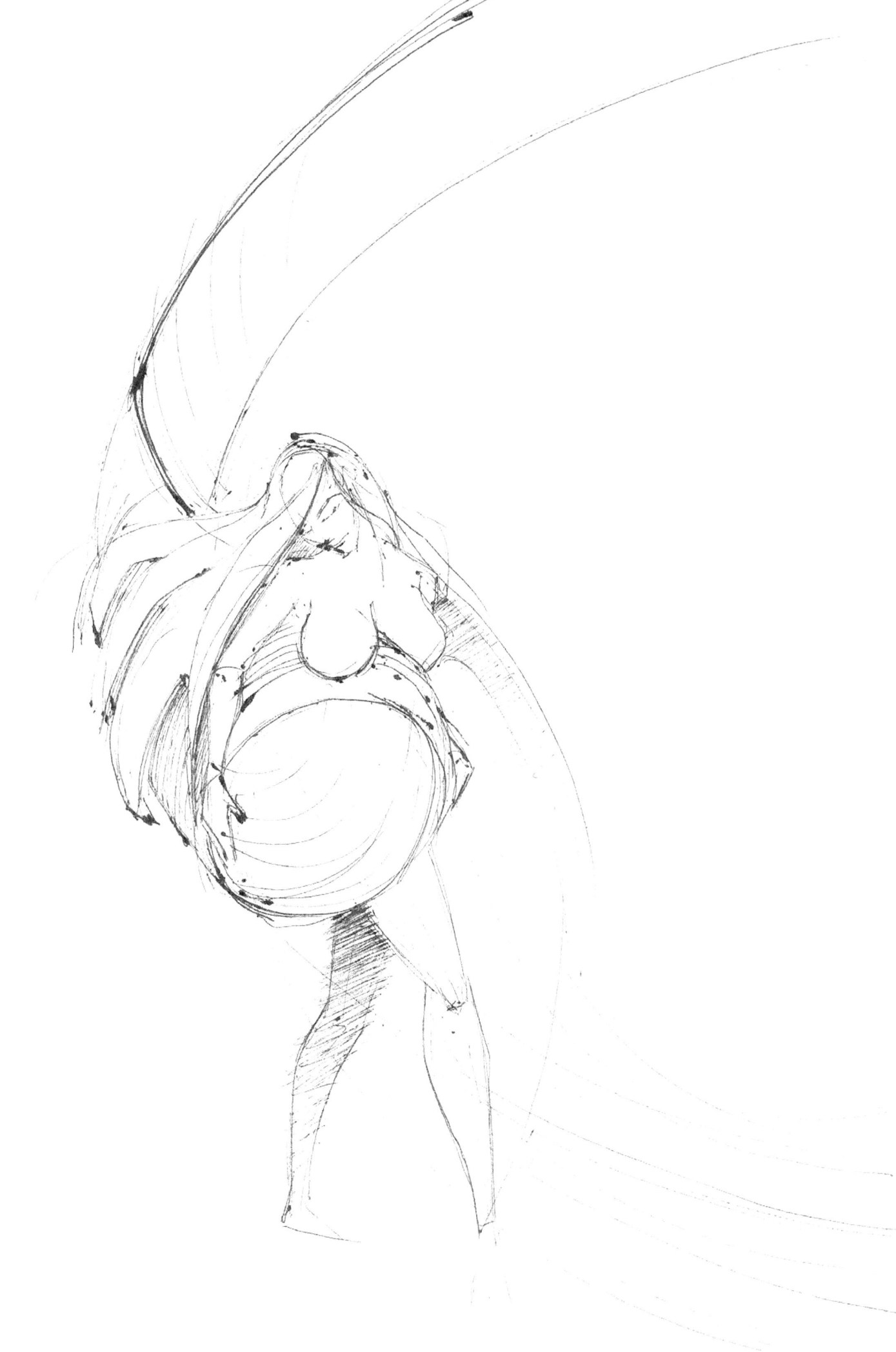

MNEVIS

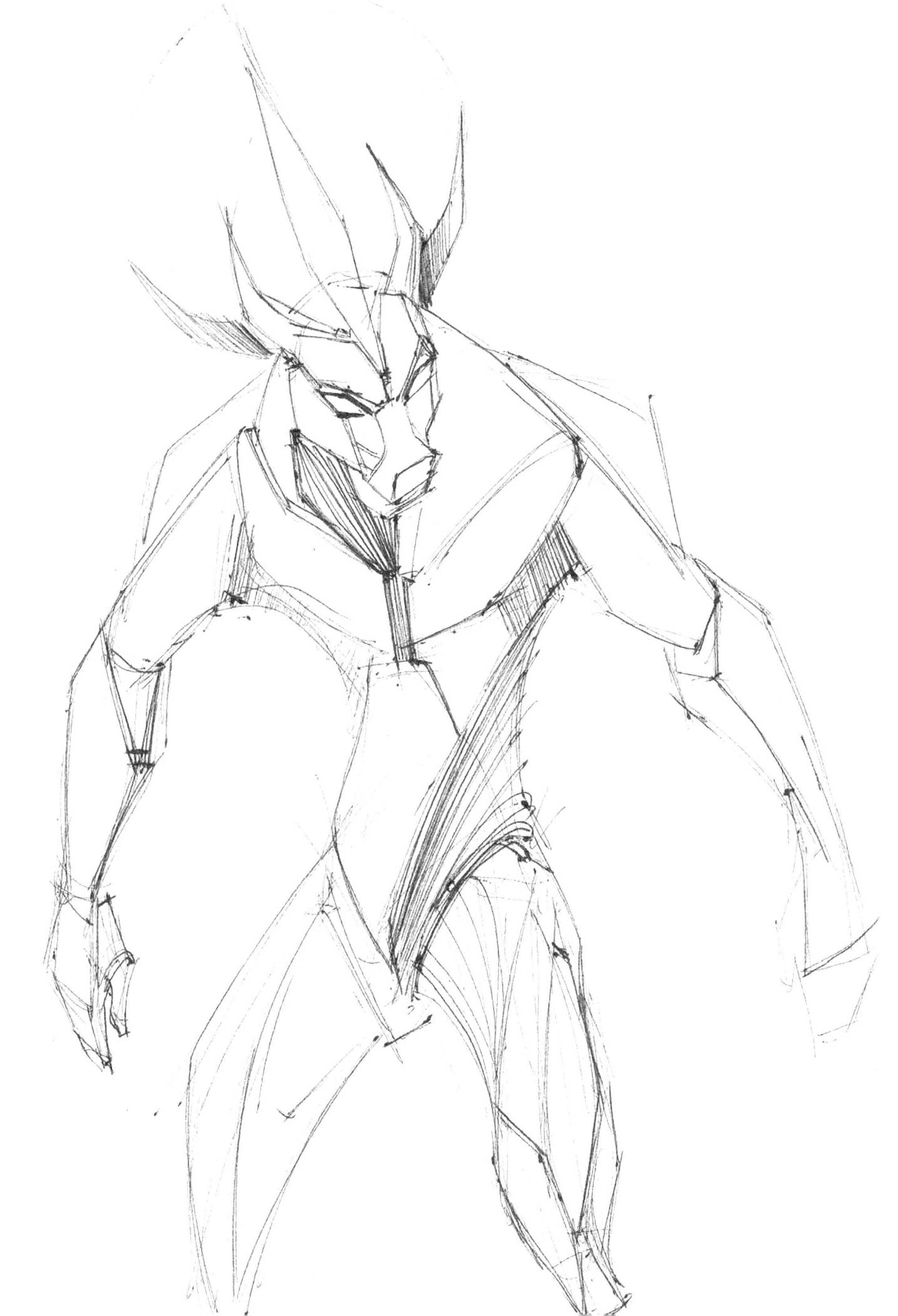

MUT

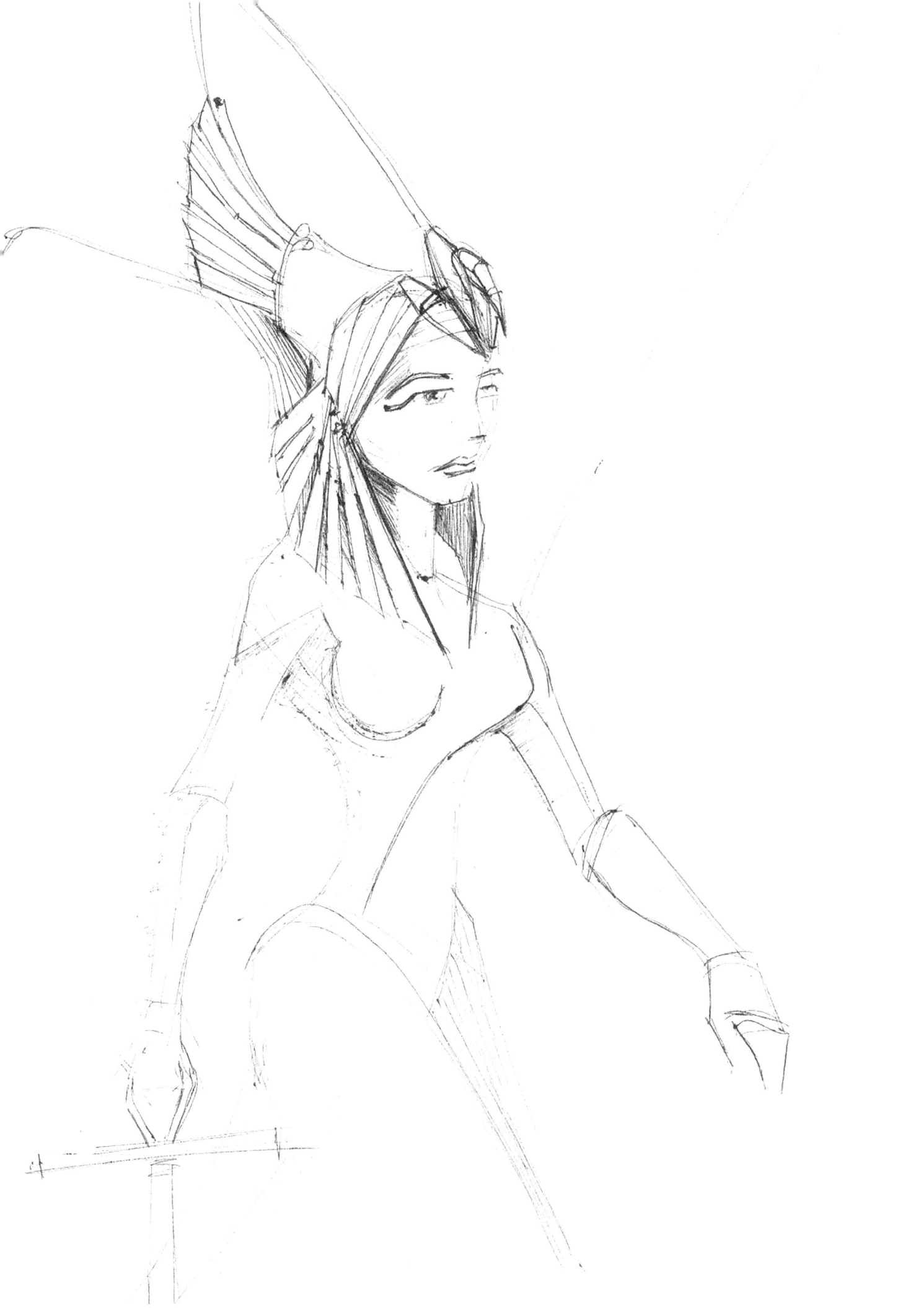

NEFERTEM

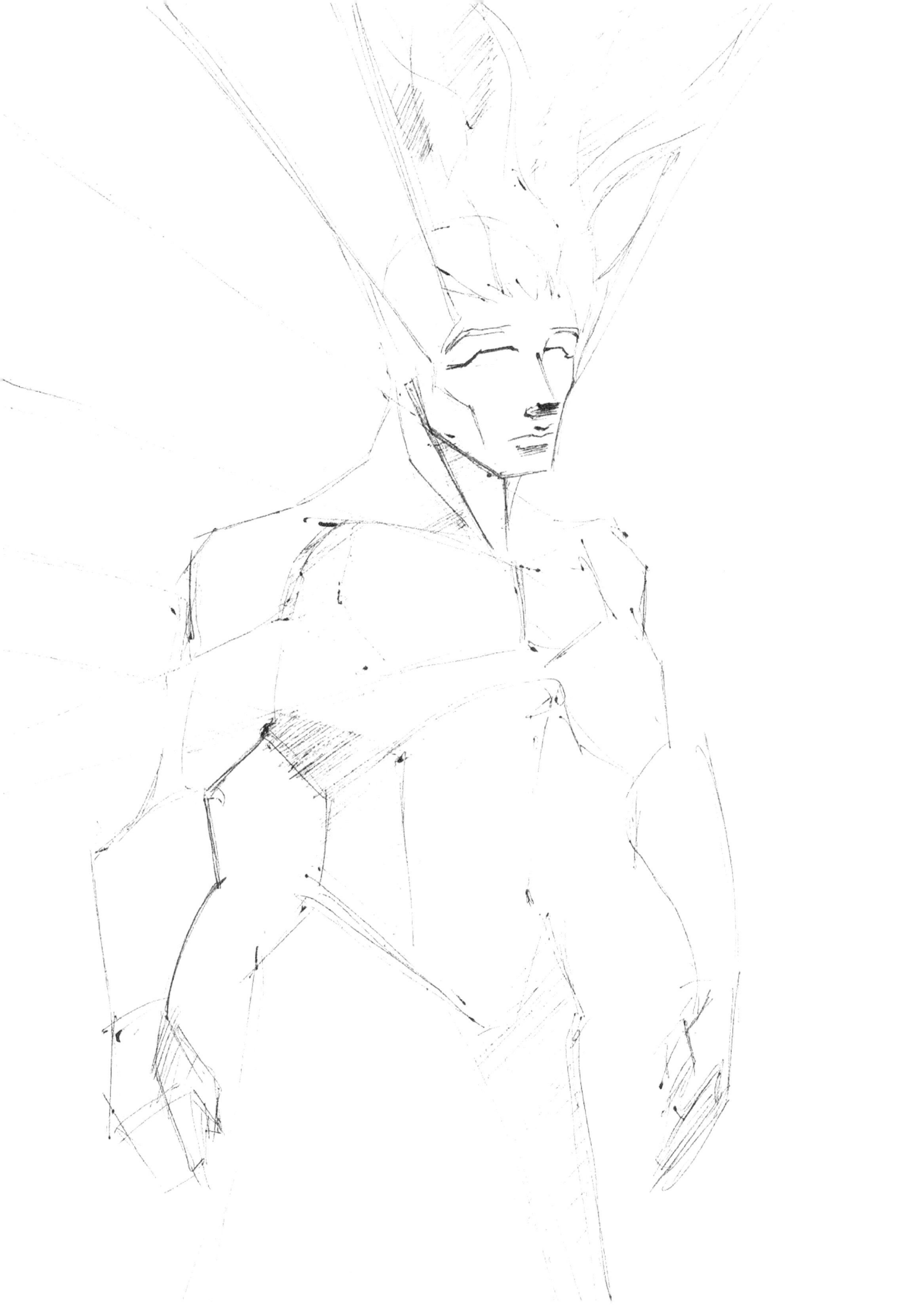

NEKHBET

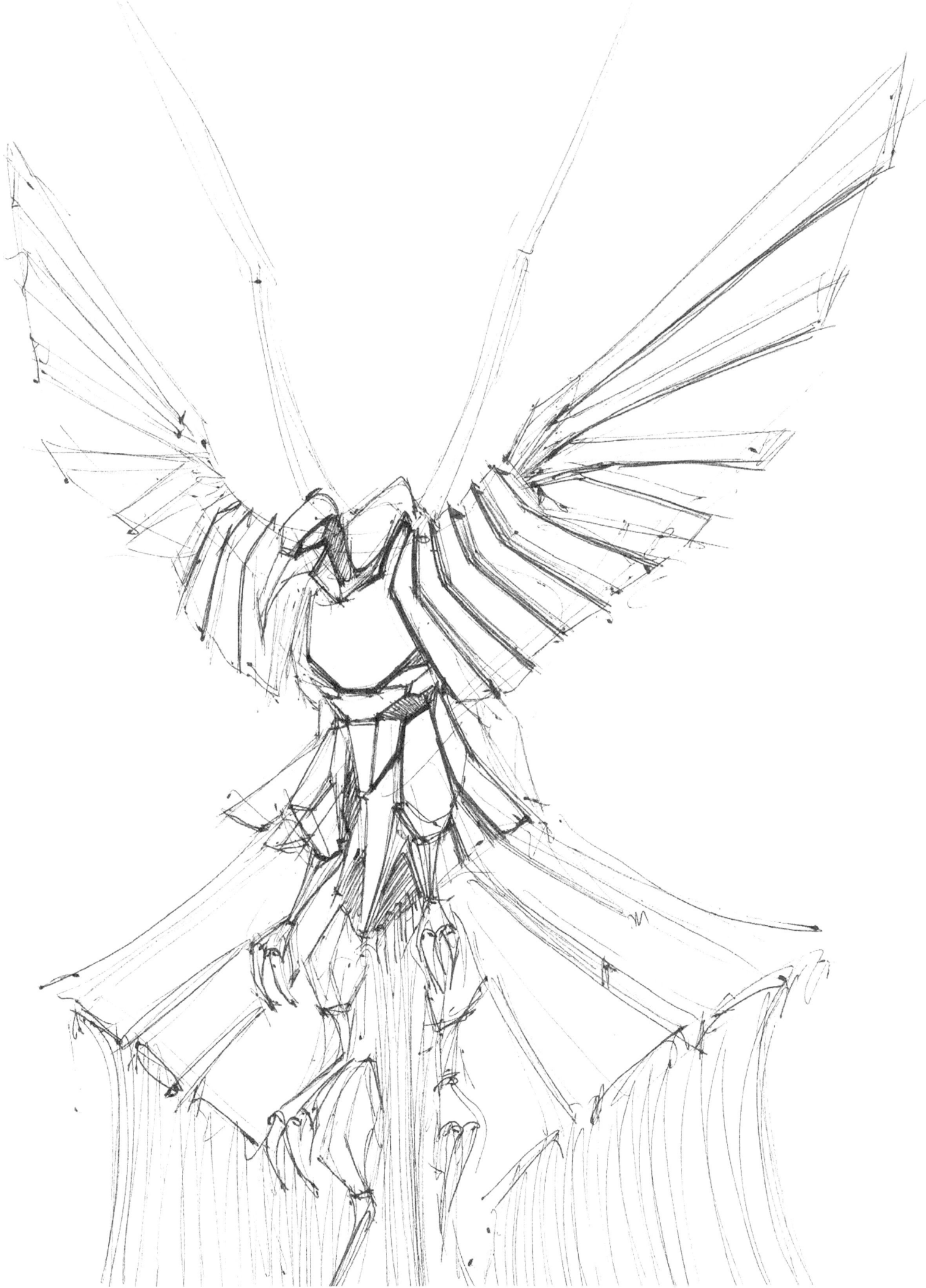

NEPER

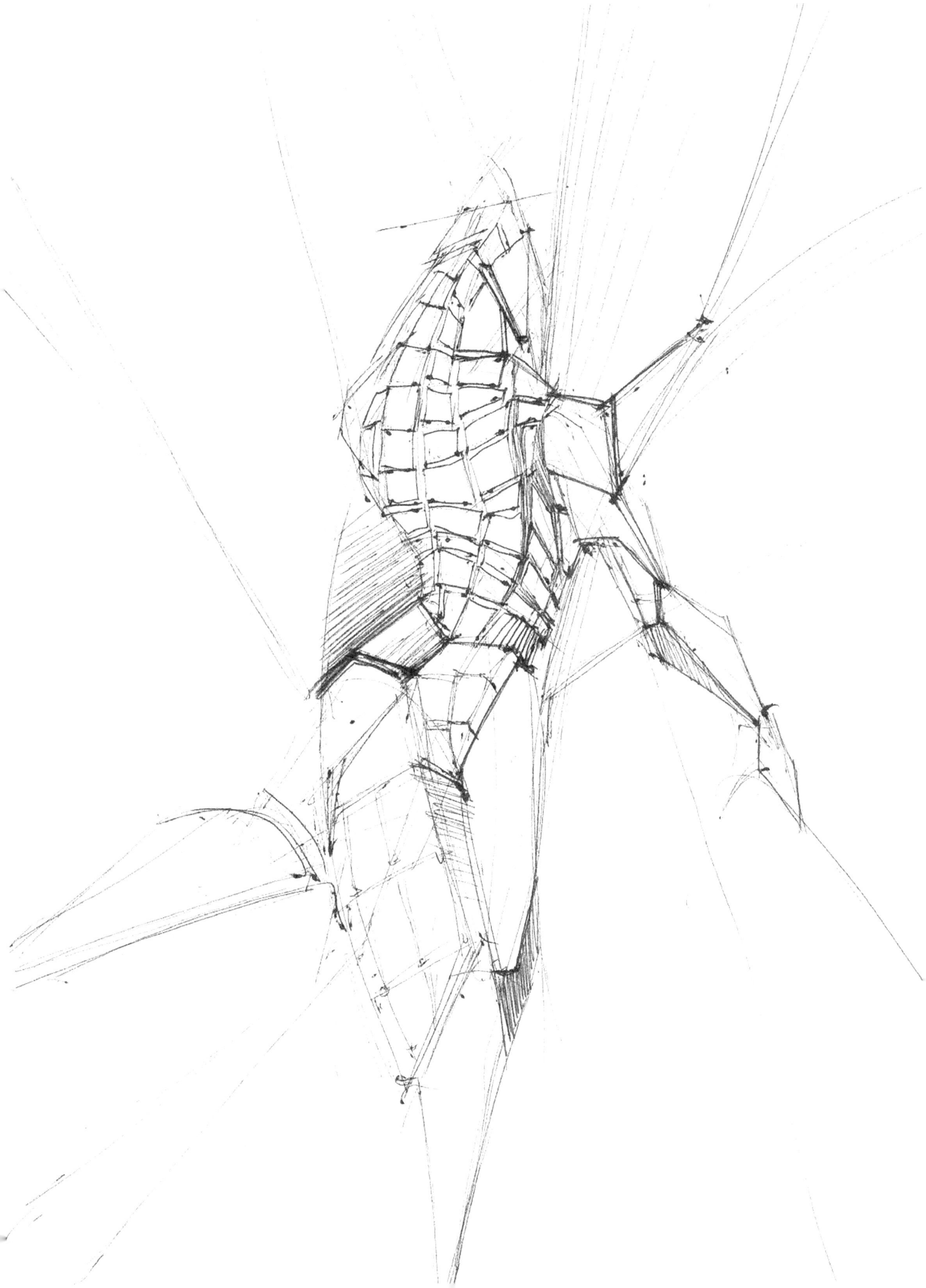

NEPHTHYS

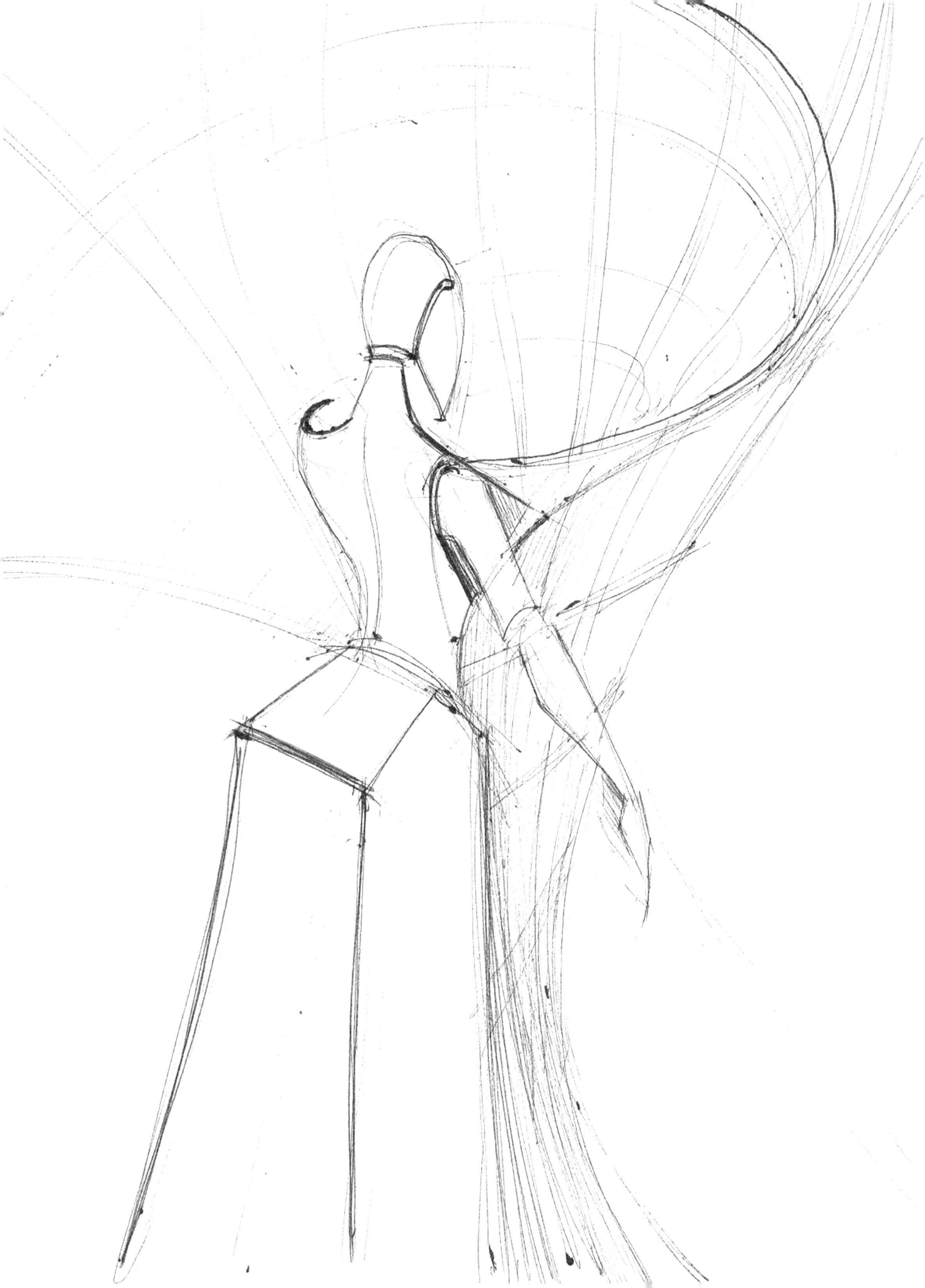

NU

83

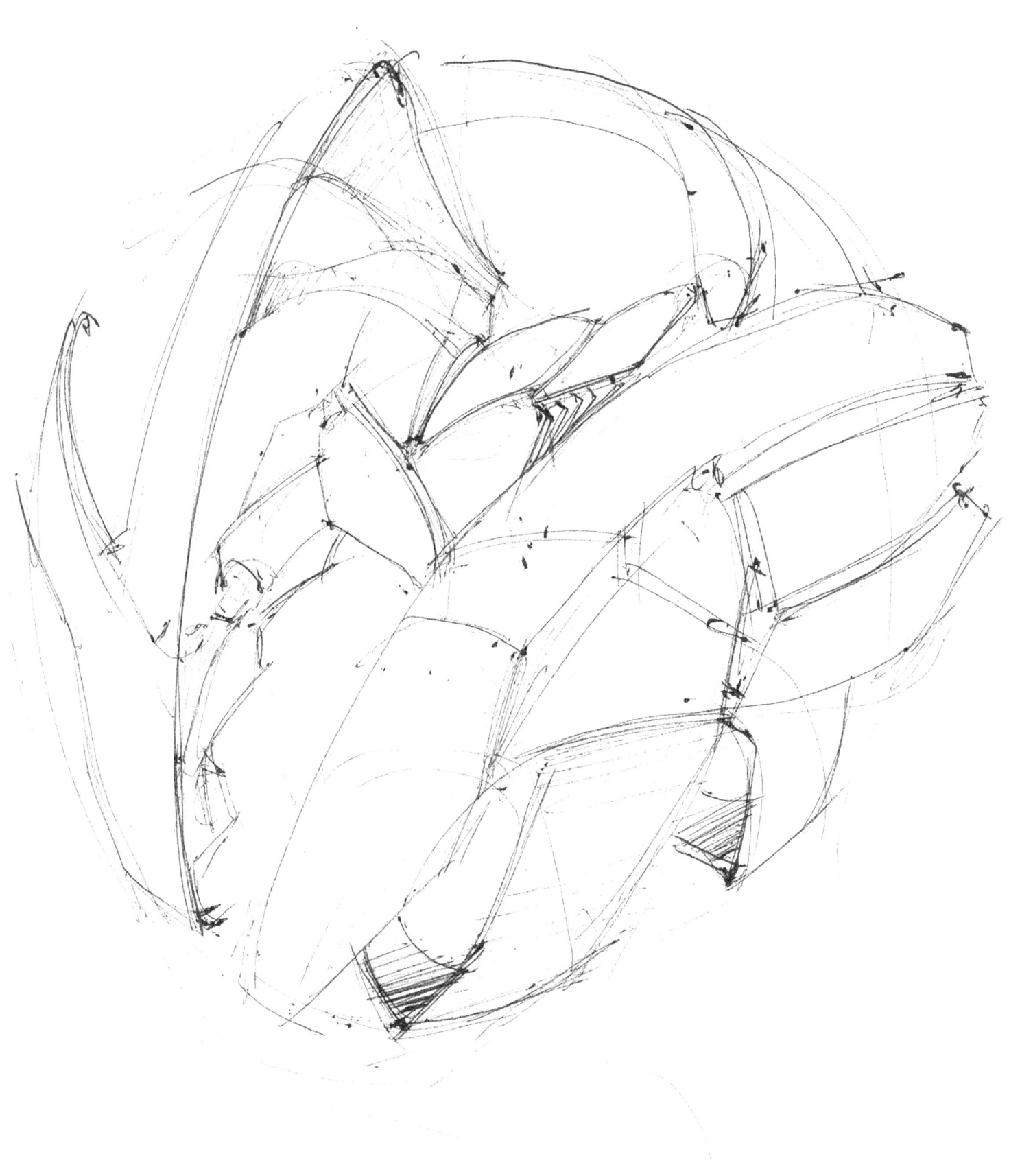

NUT

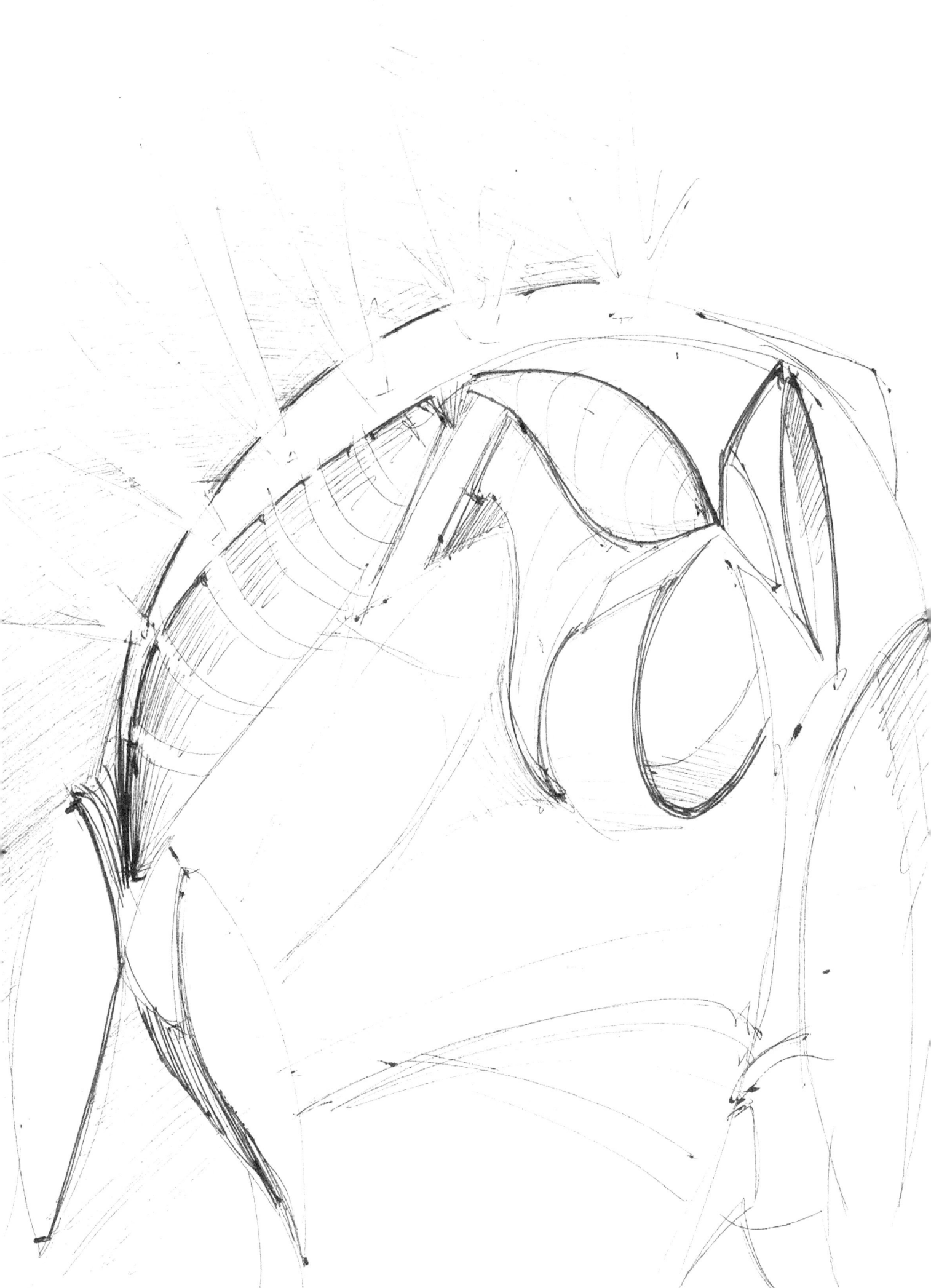

OSIRIS

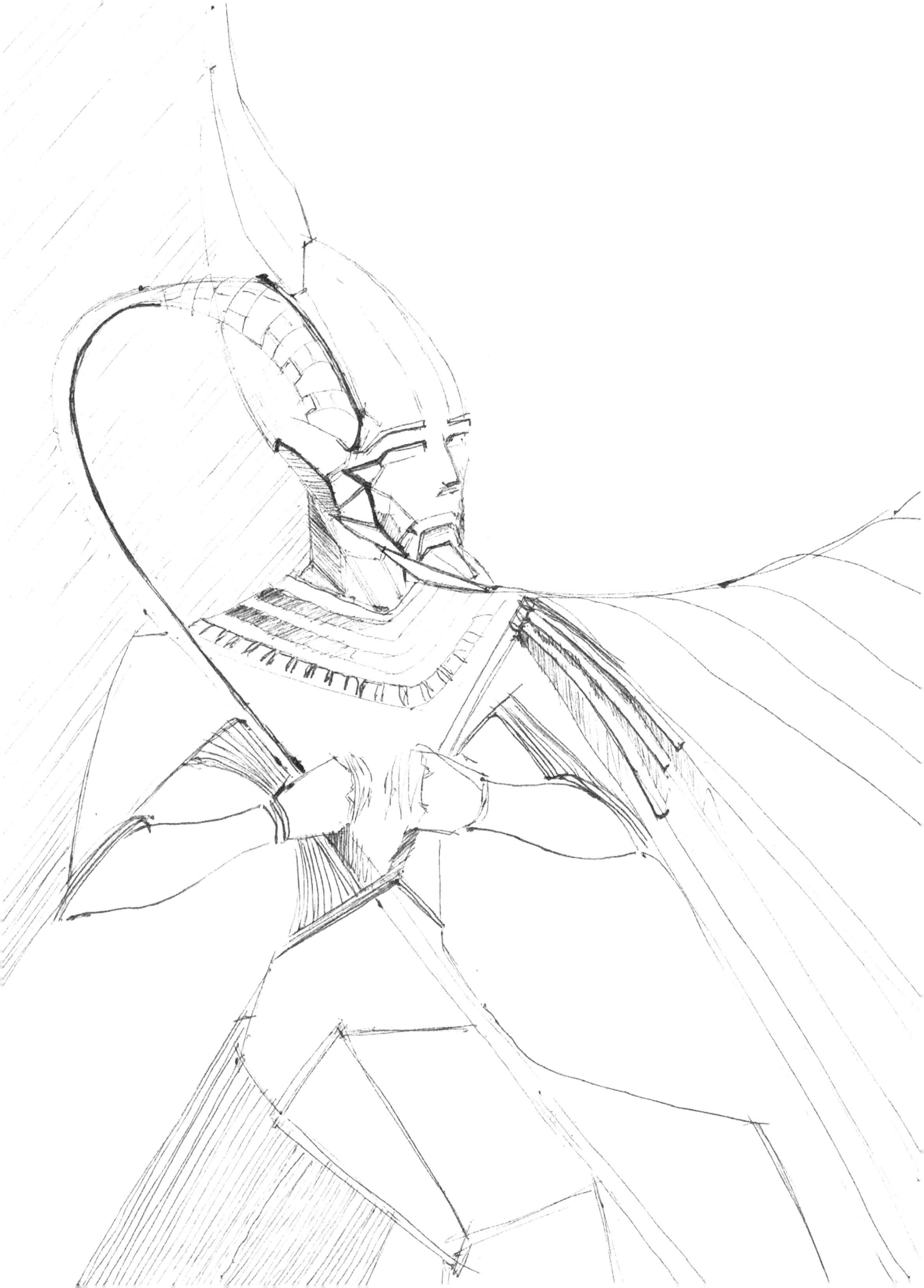

PTAH

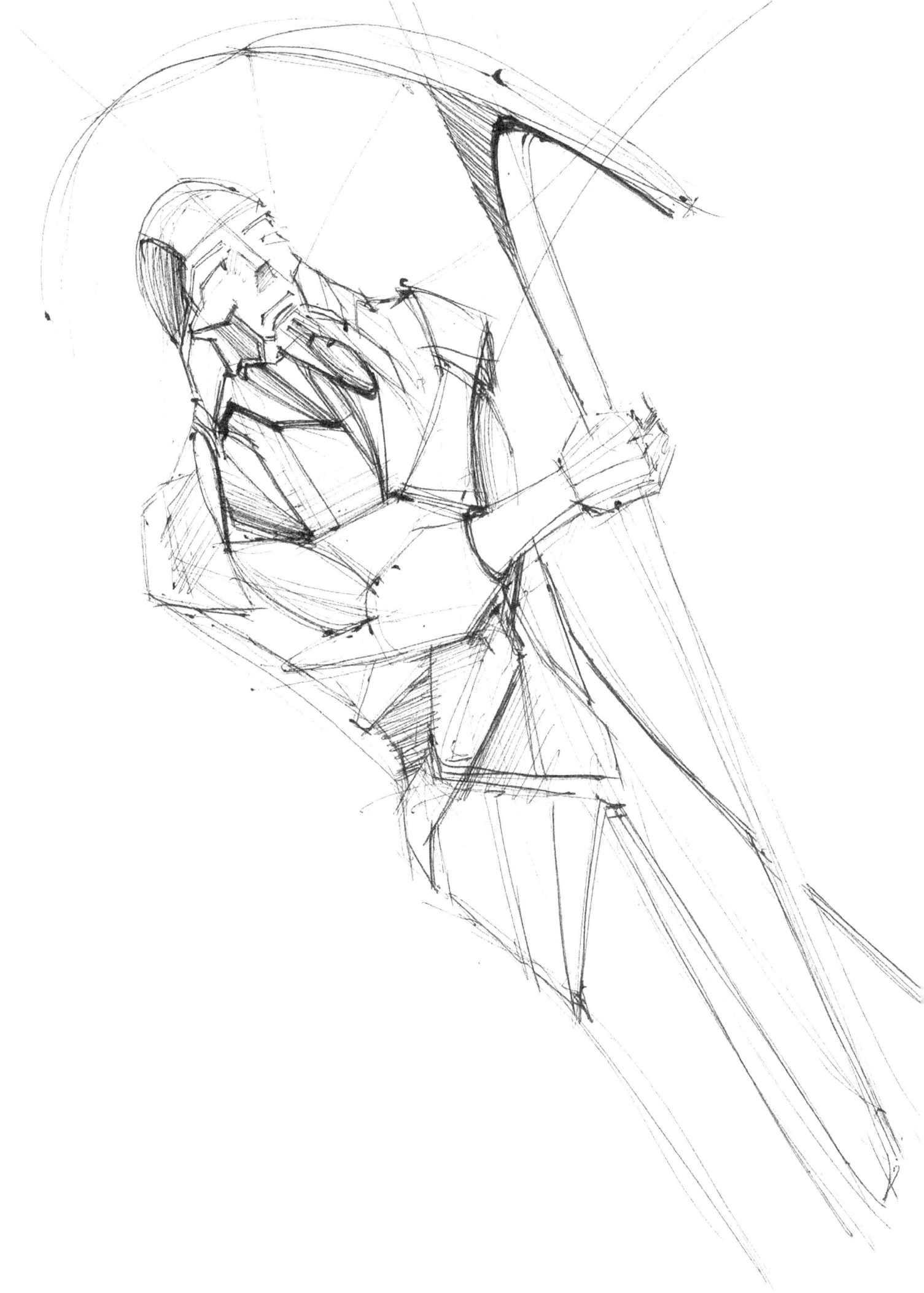

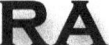

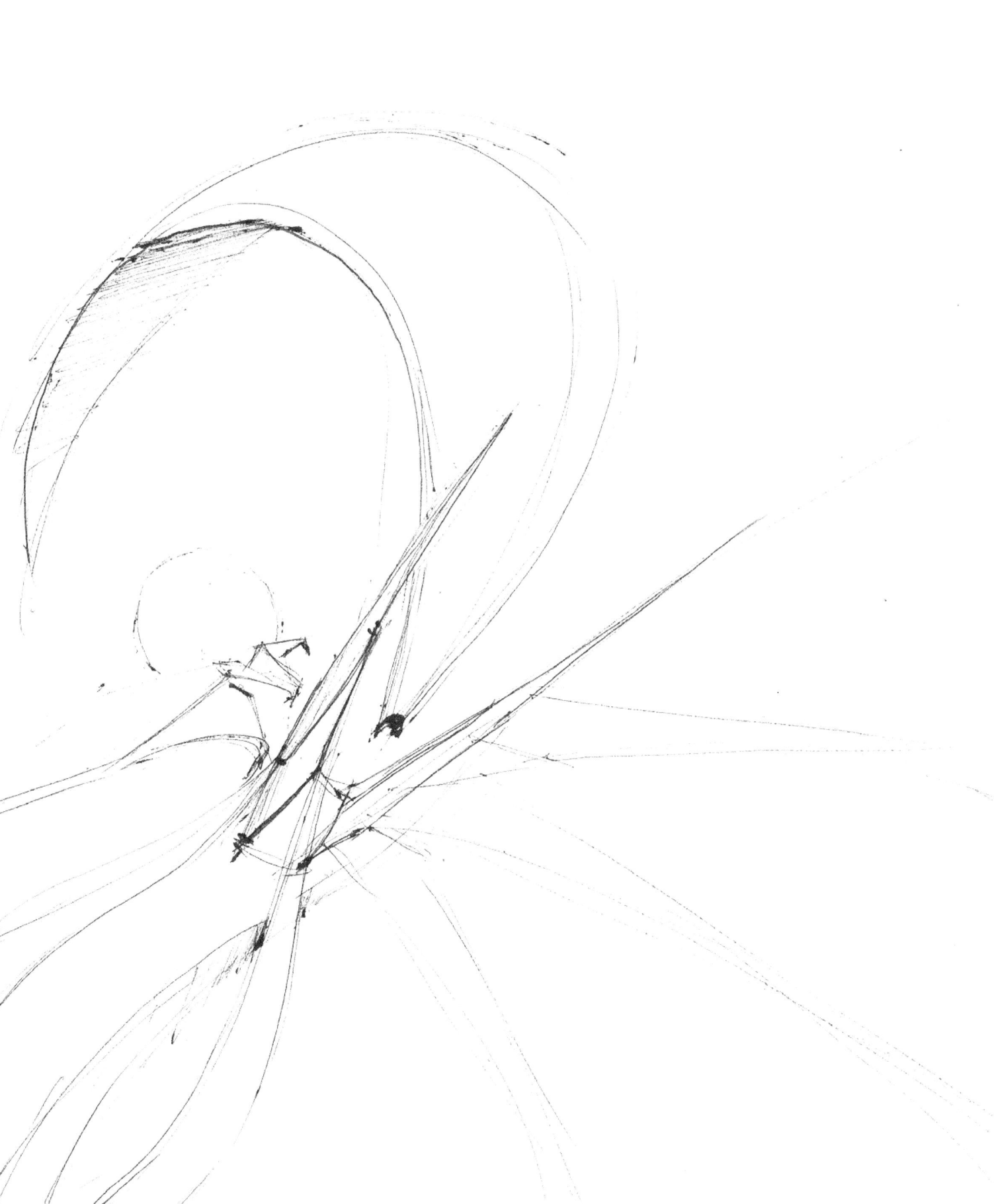

RENENUTET

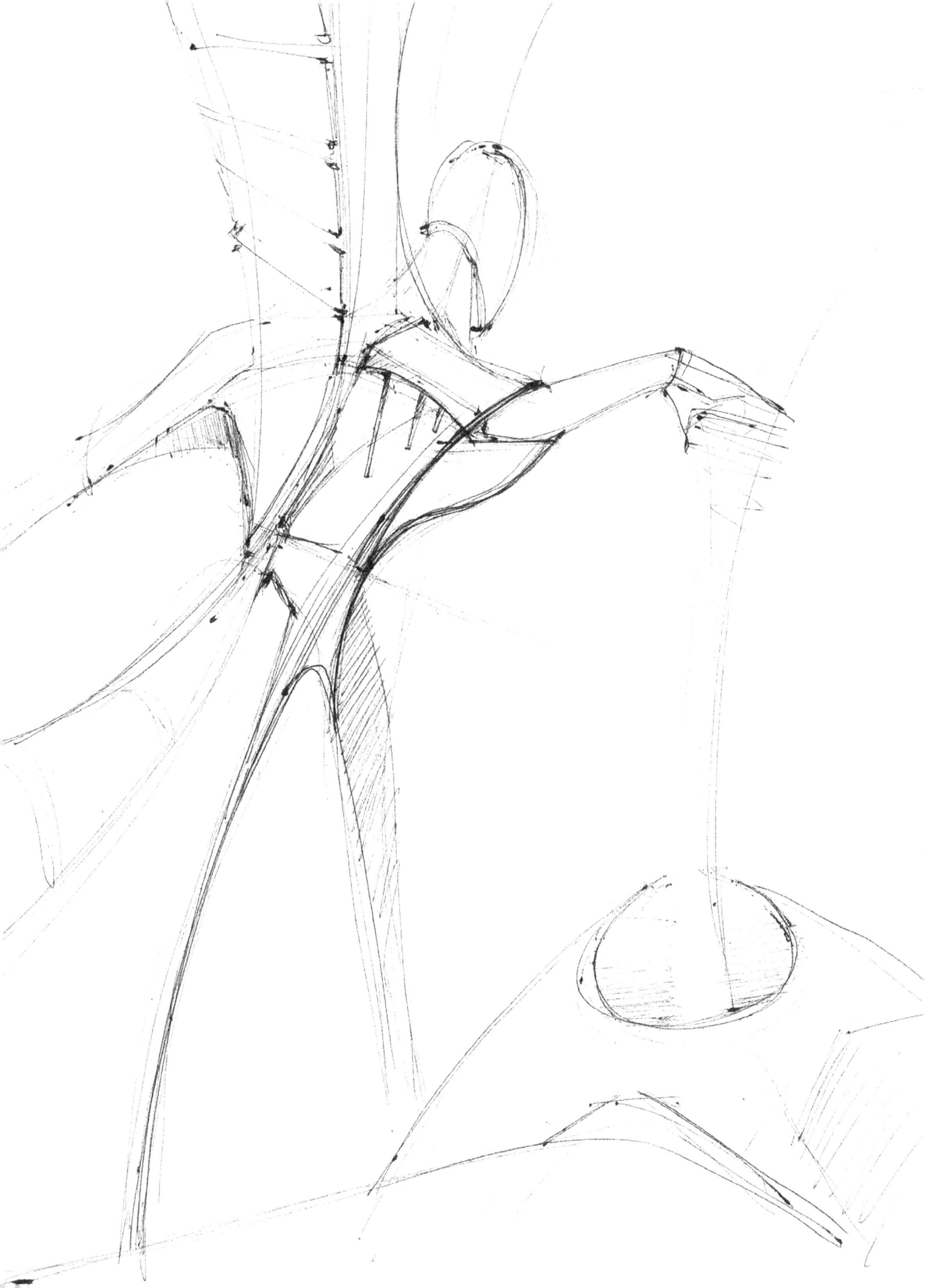

SATET

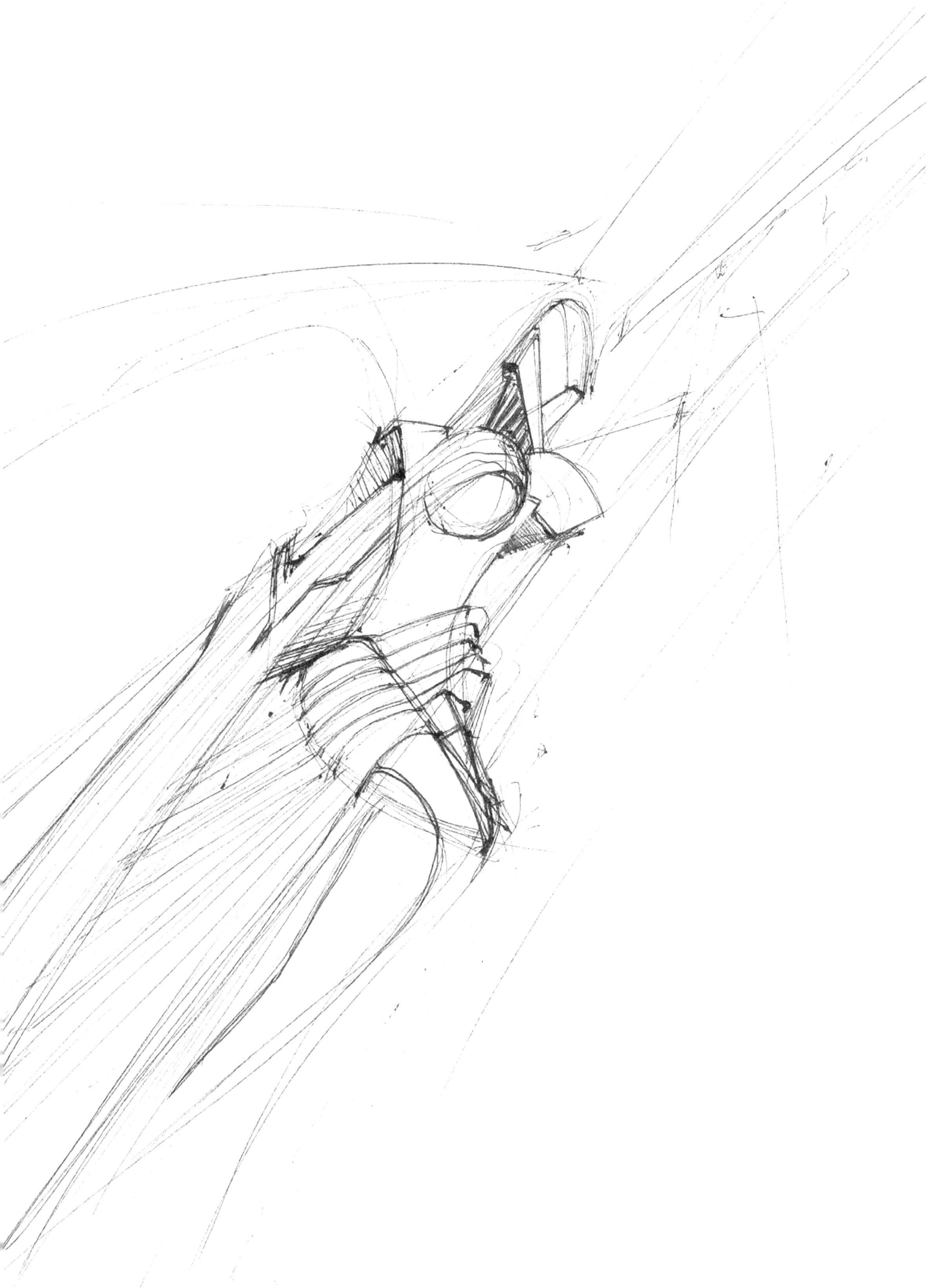

SEKHMET

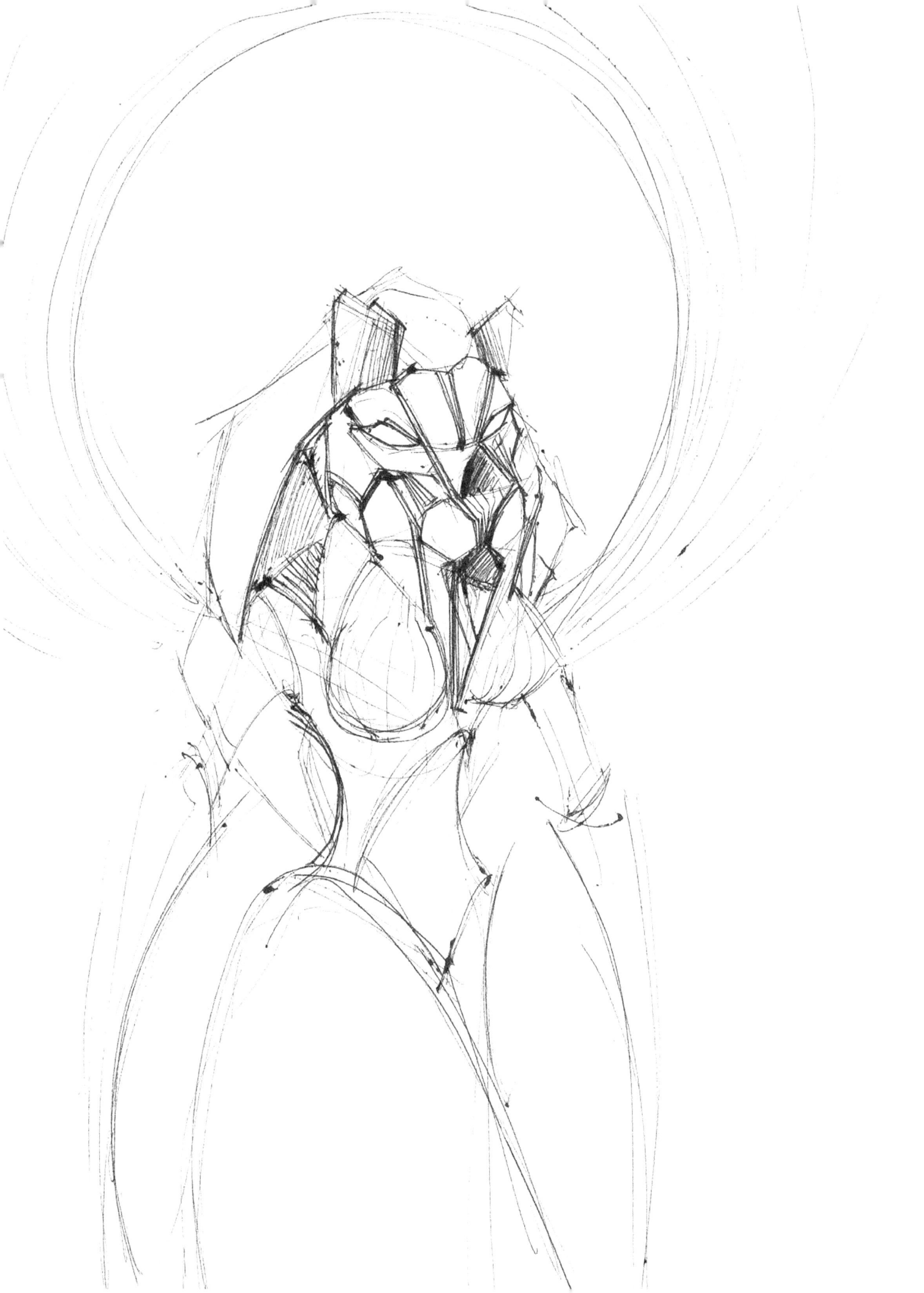

SETH

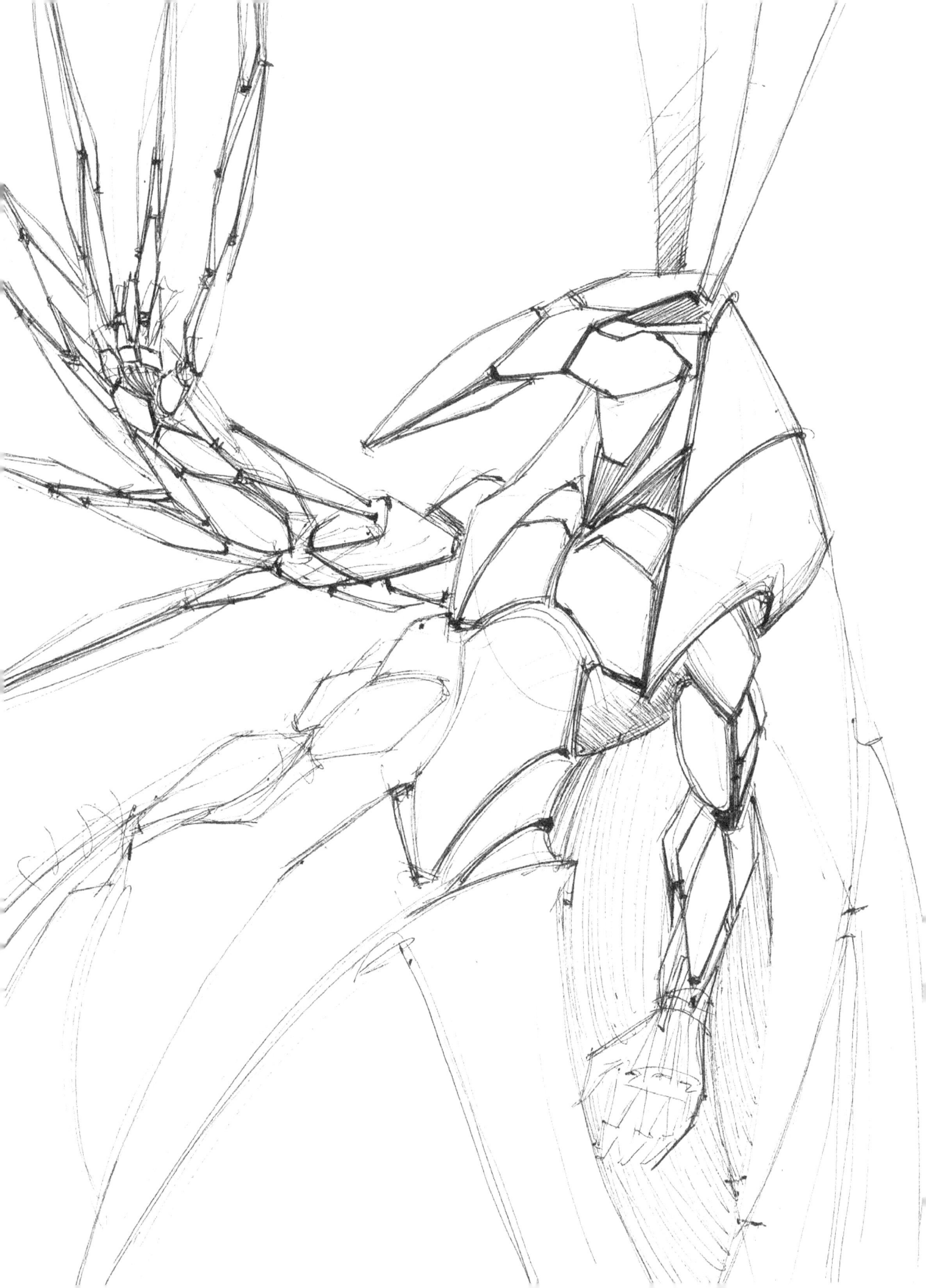

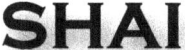

SHAI

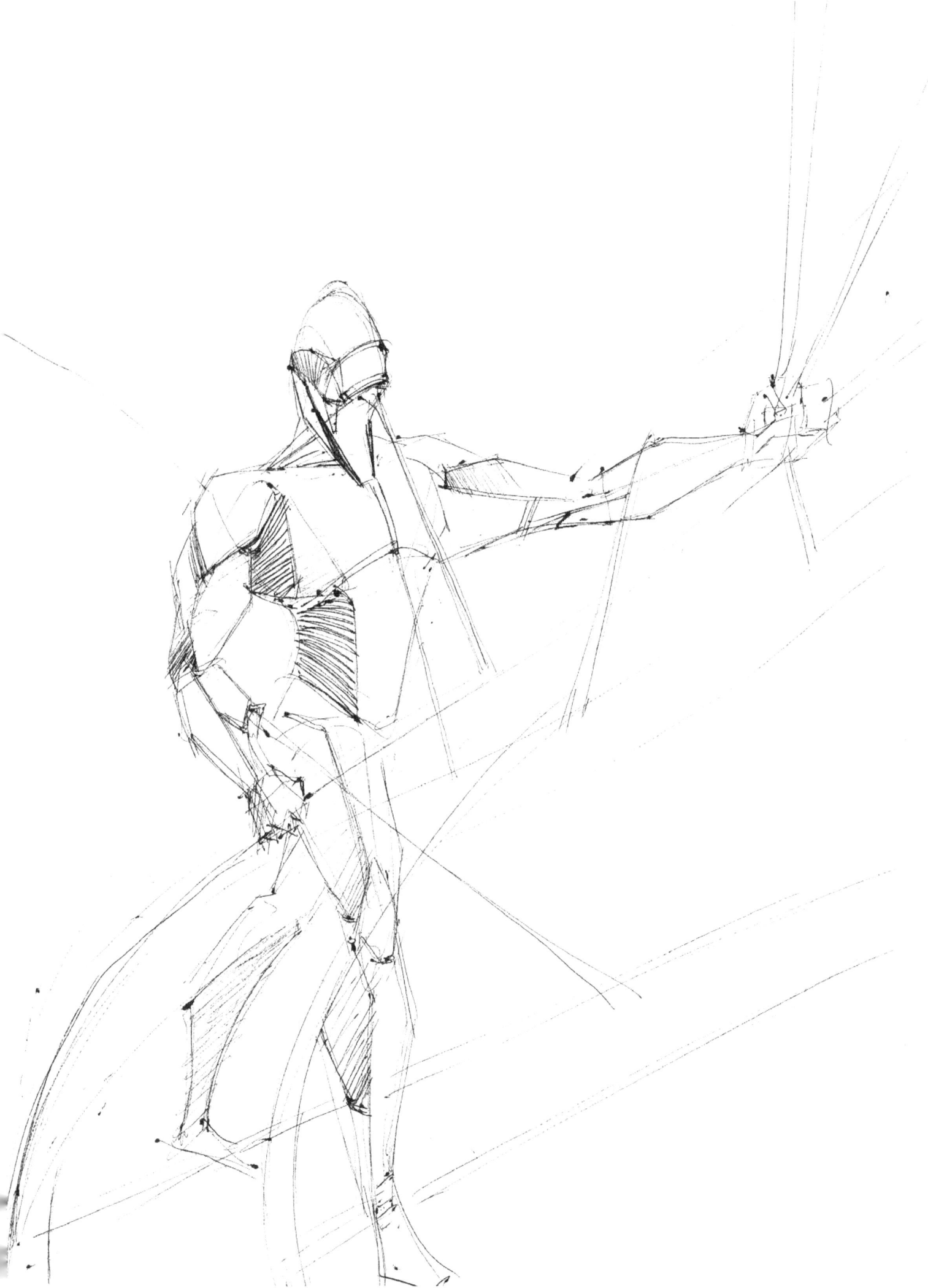

SHEZMU

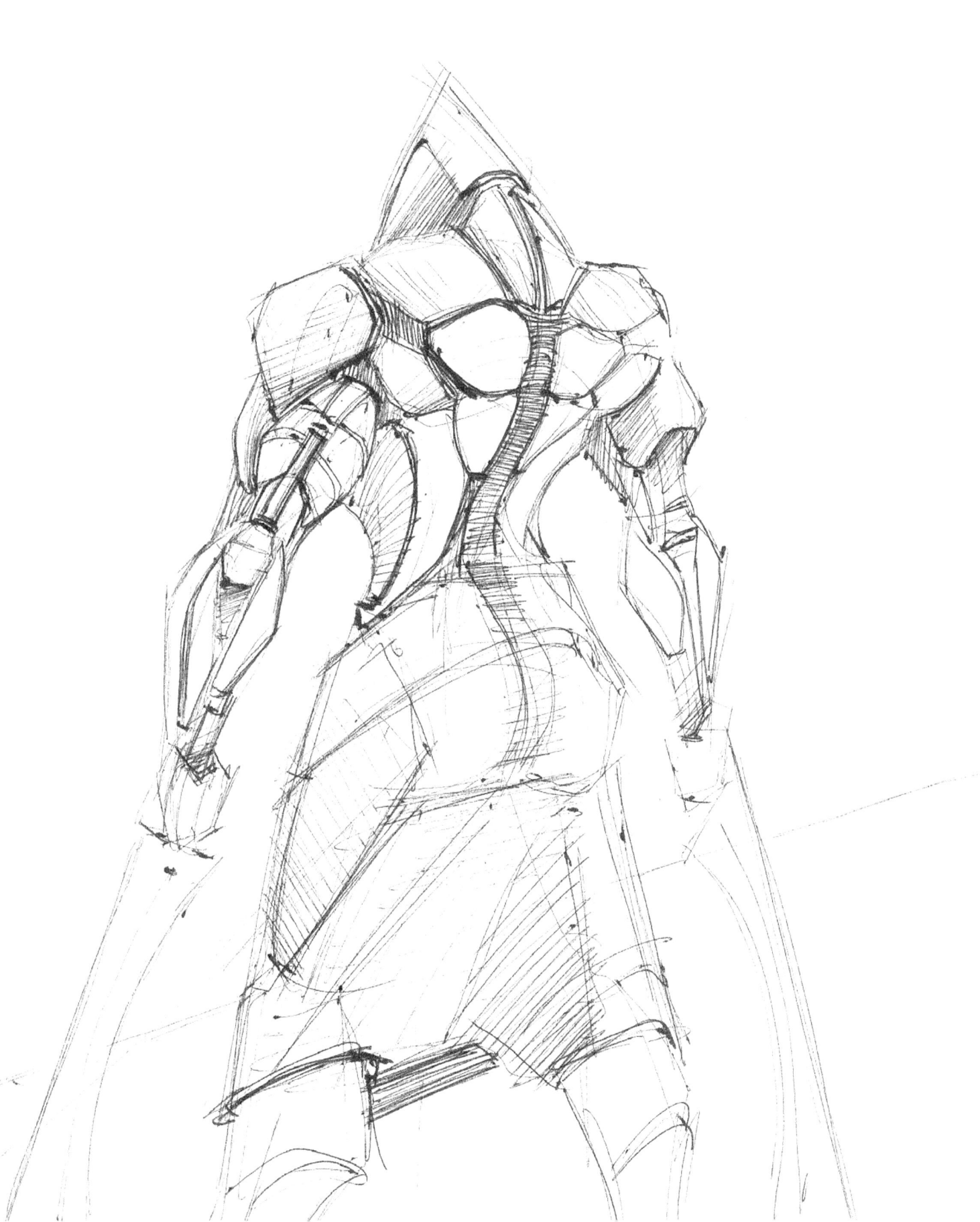

SHU

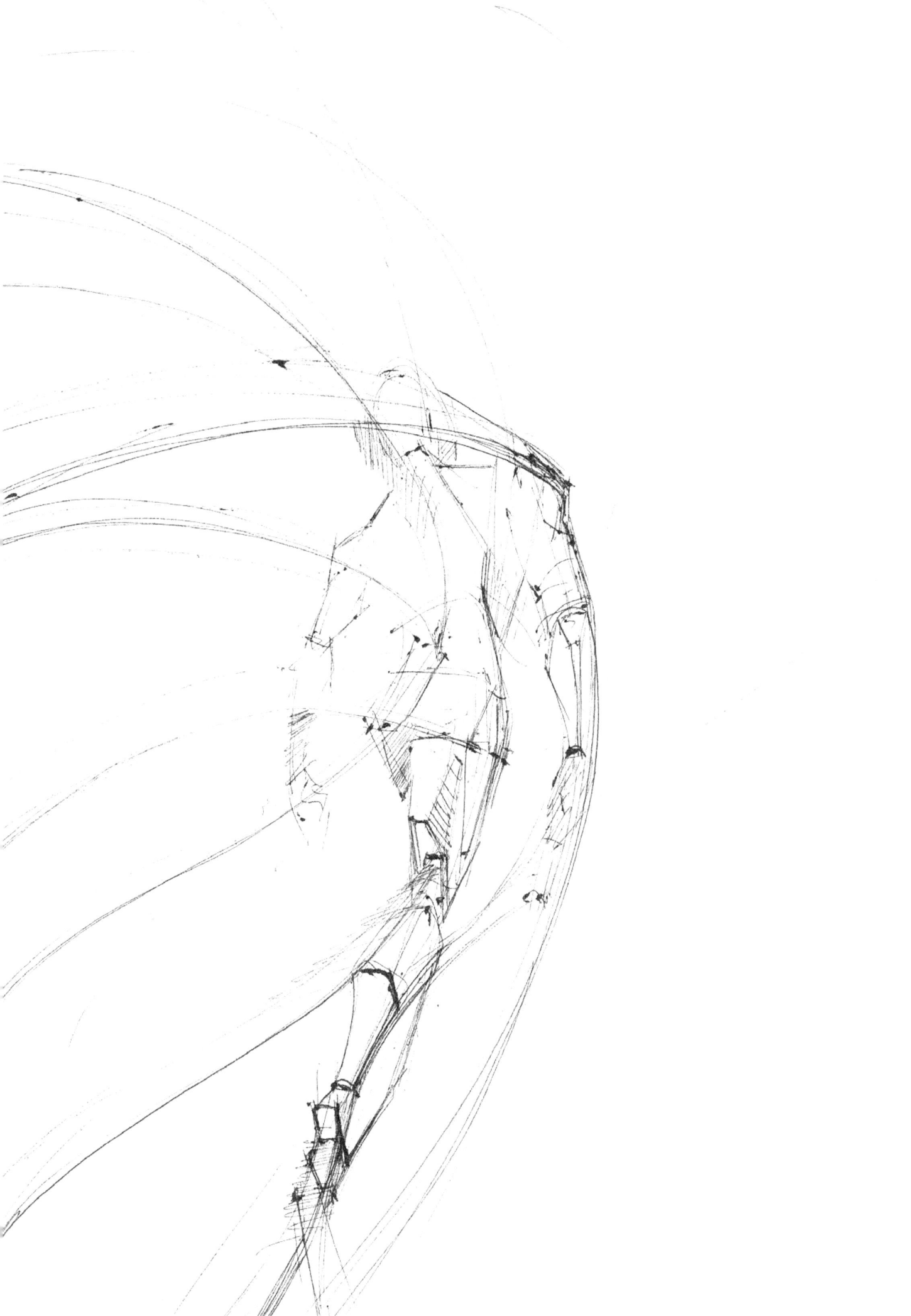

SOBEK

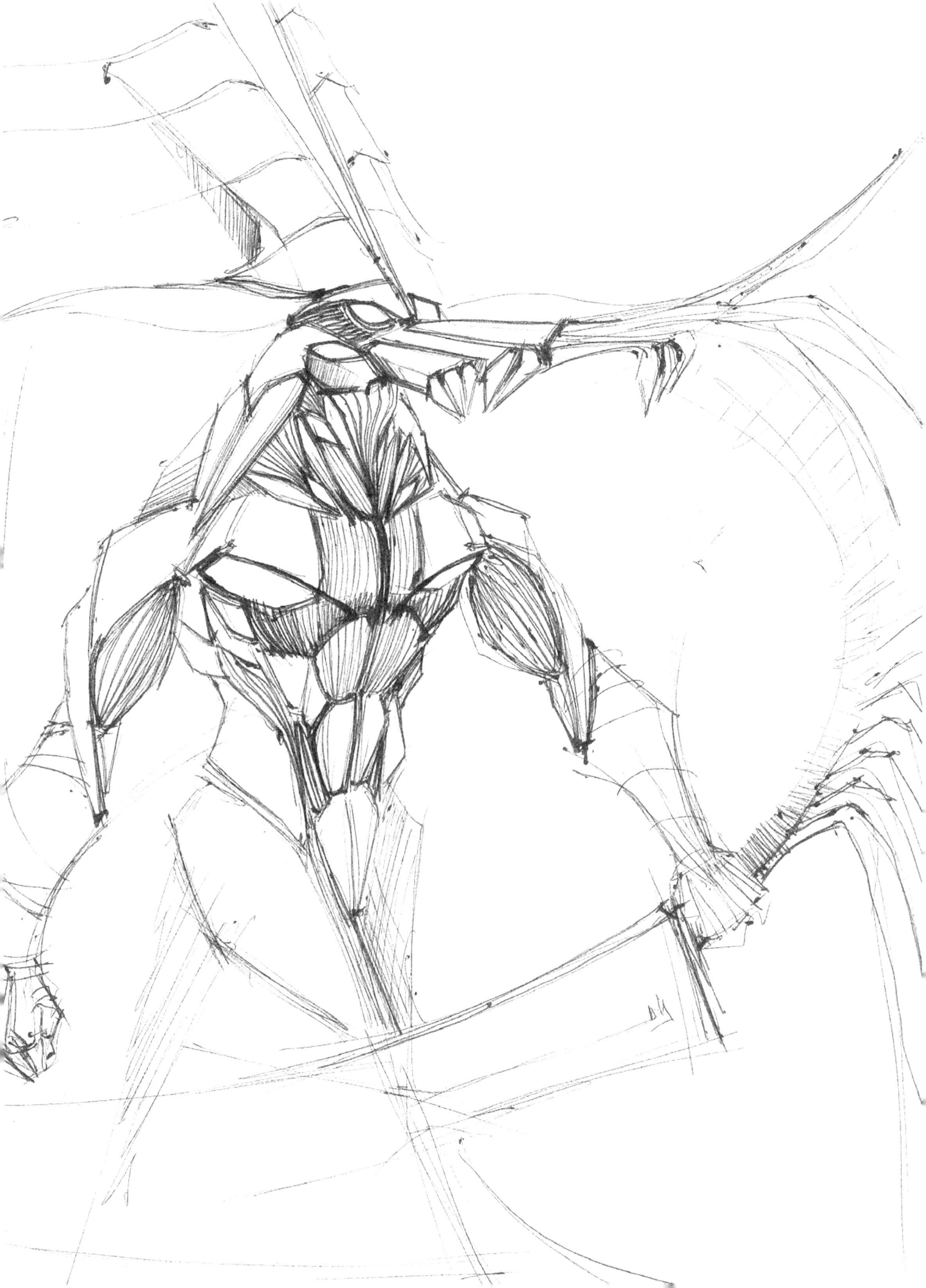

TAWERET

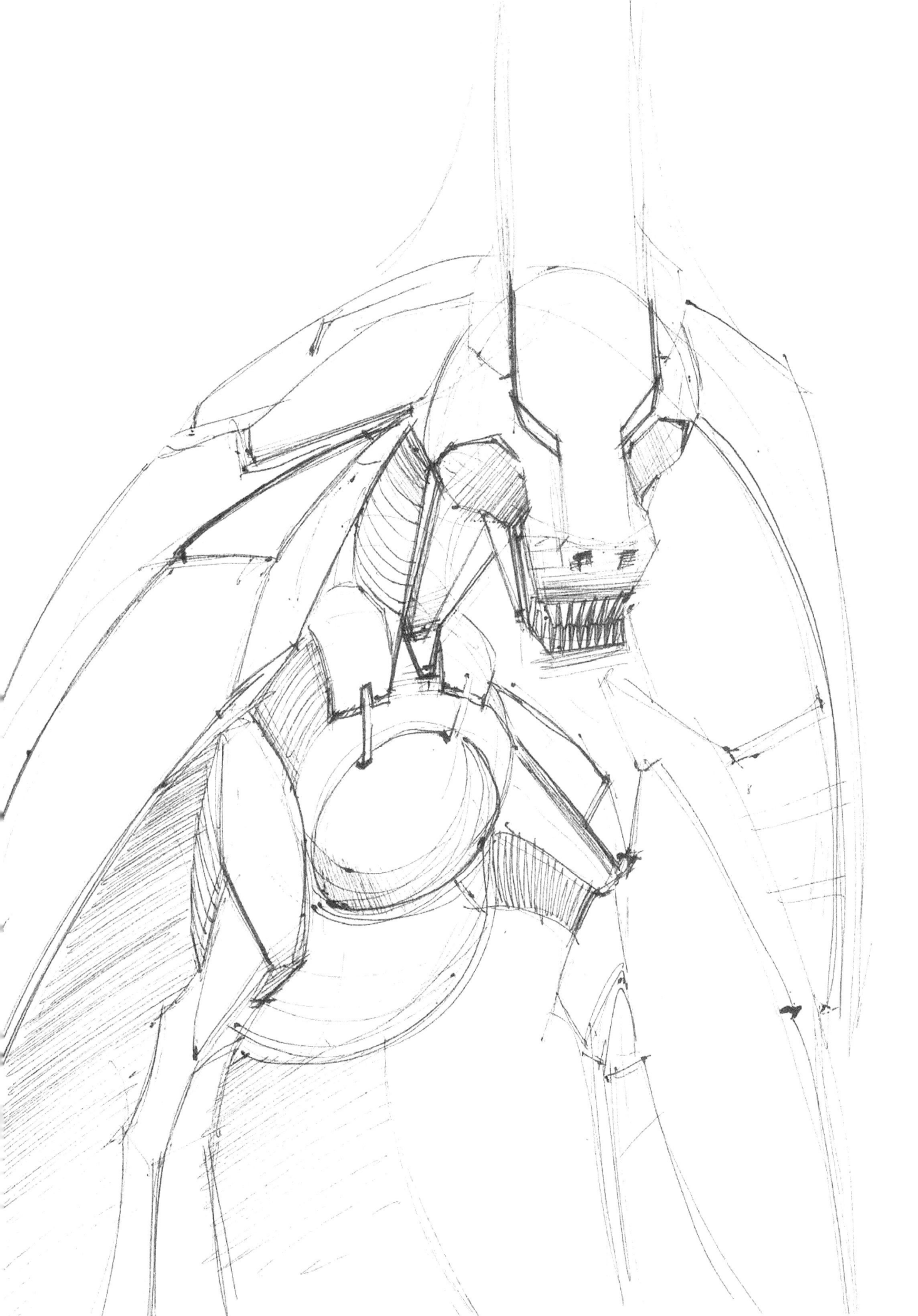

TEFNUT

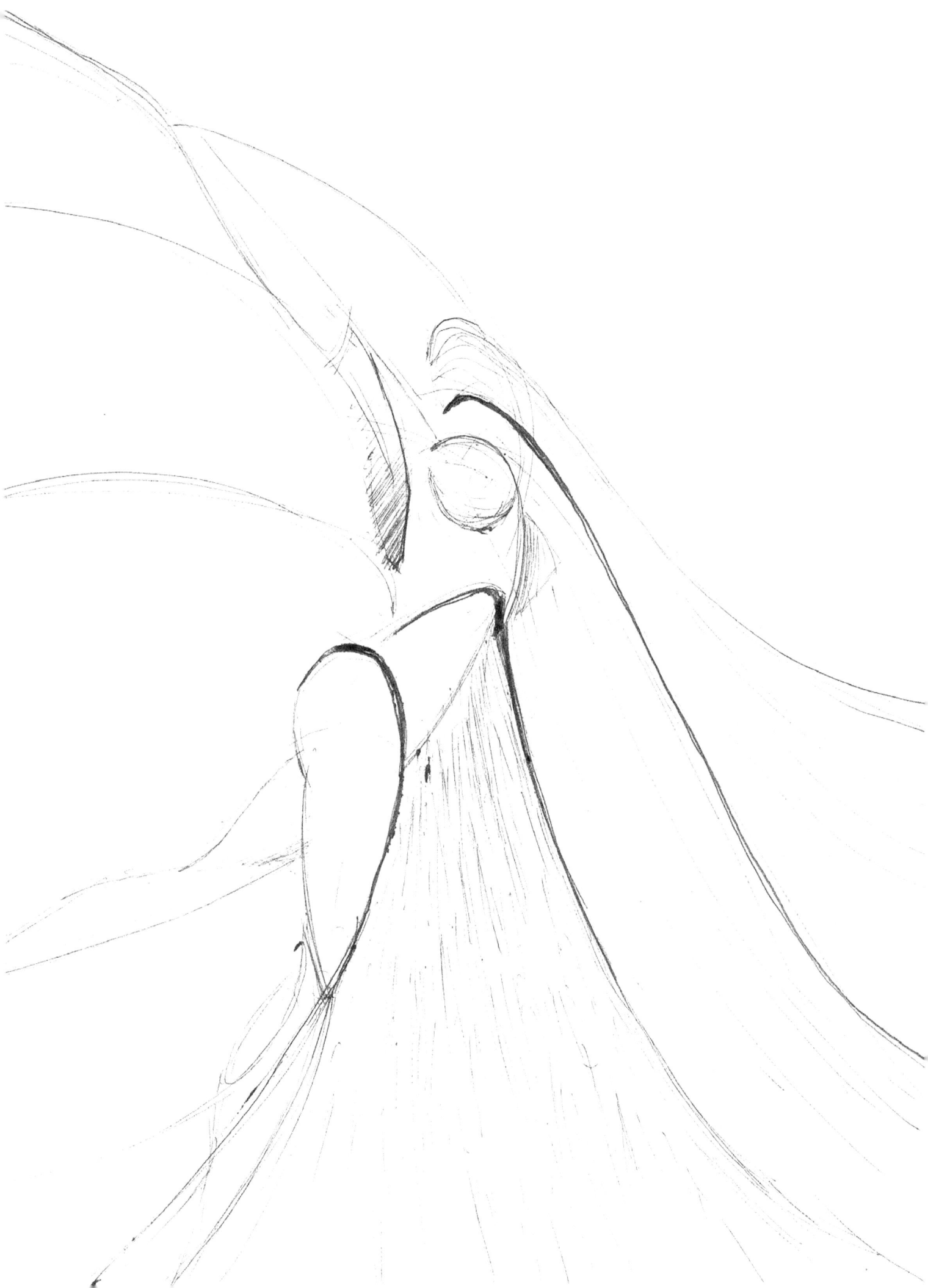

THOTH

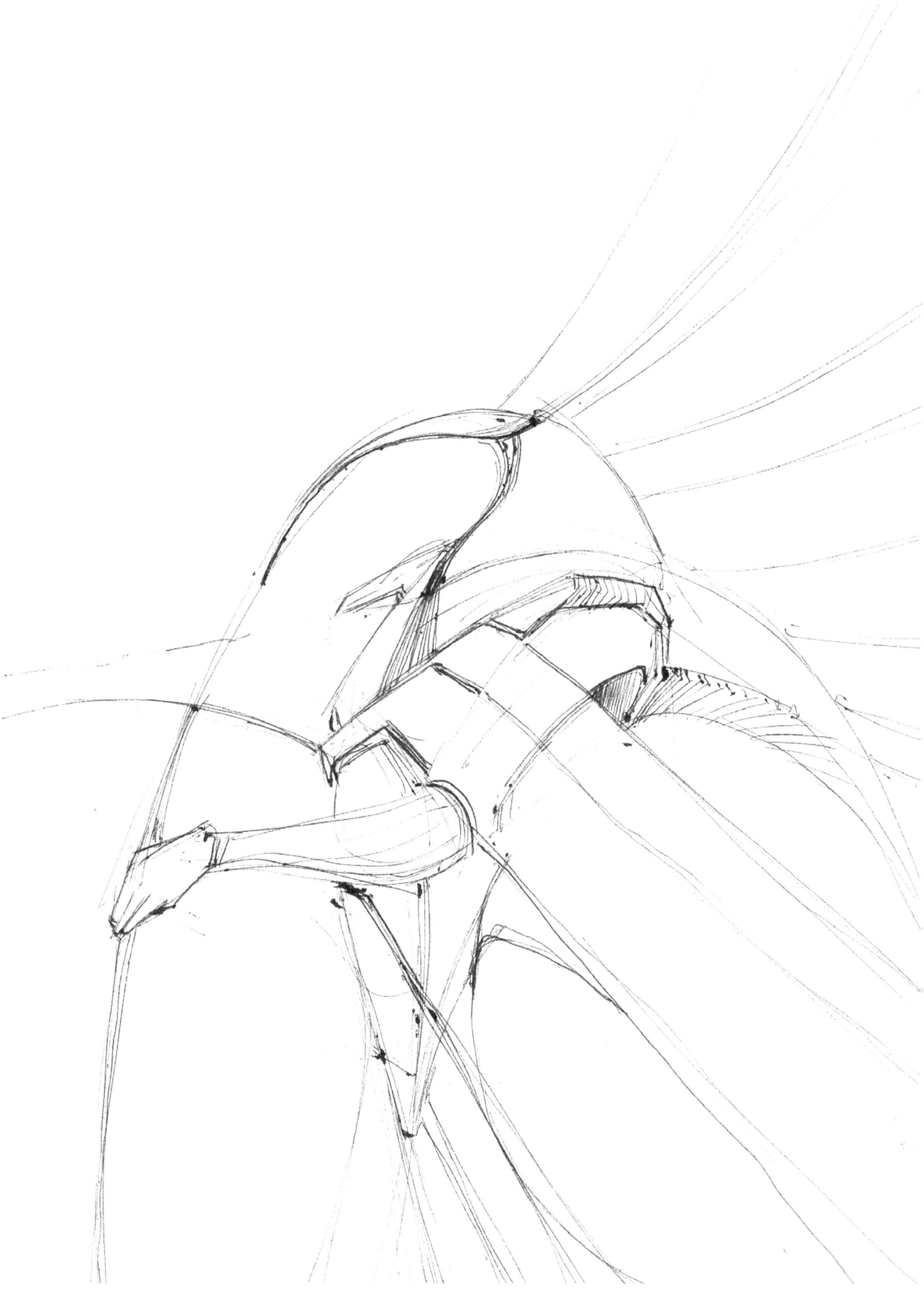

UNUT

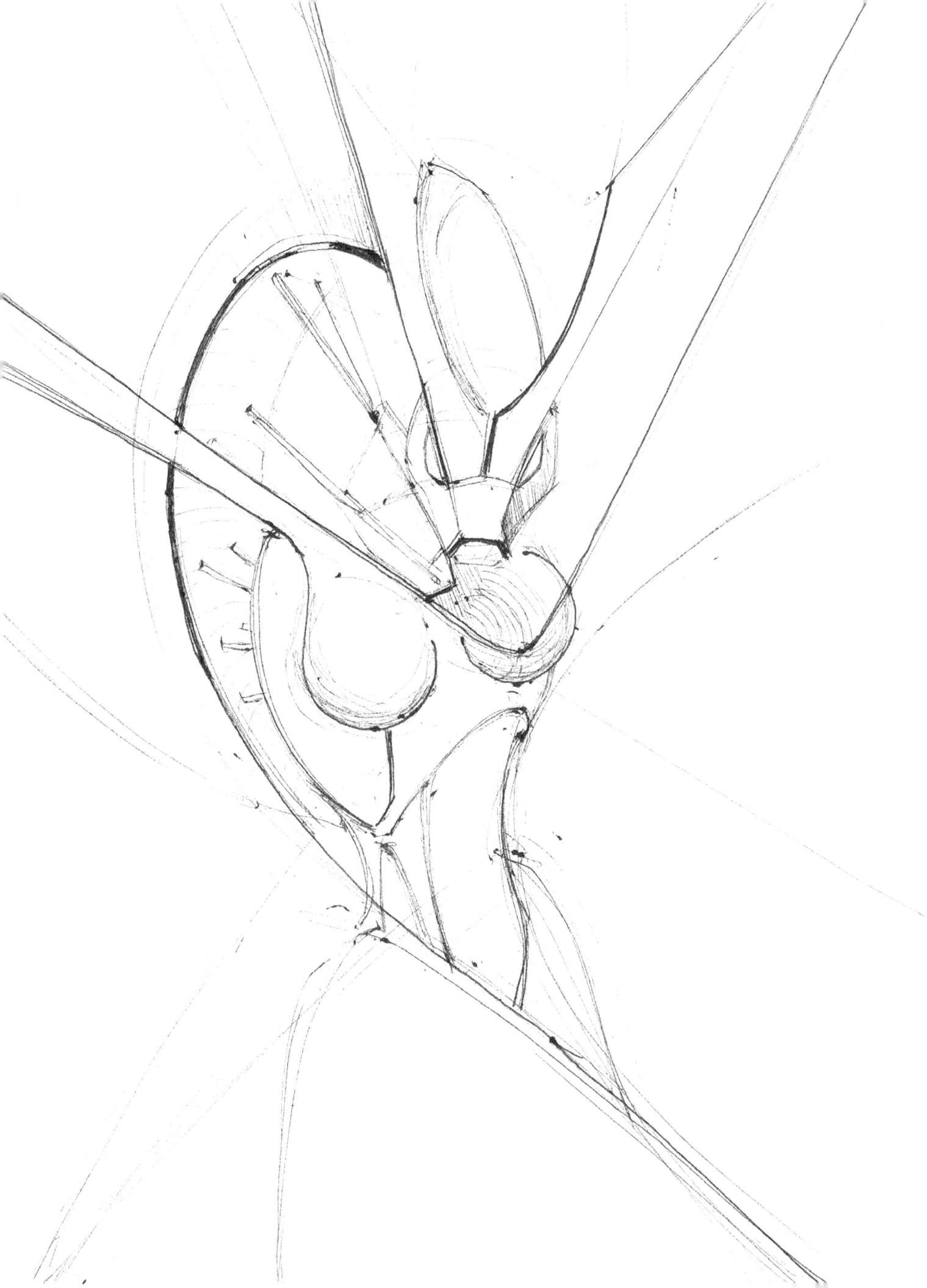

WADJET

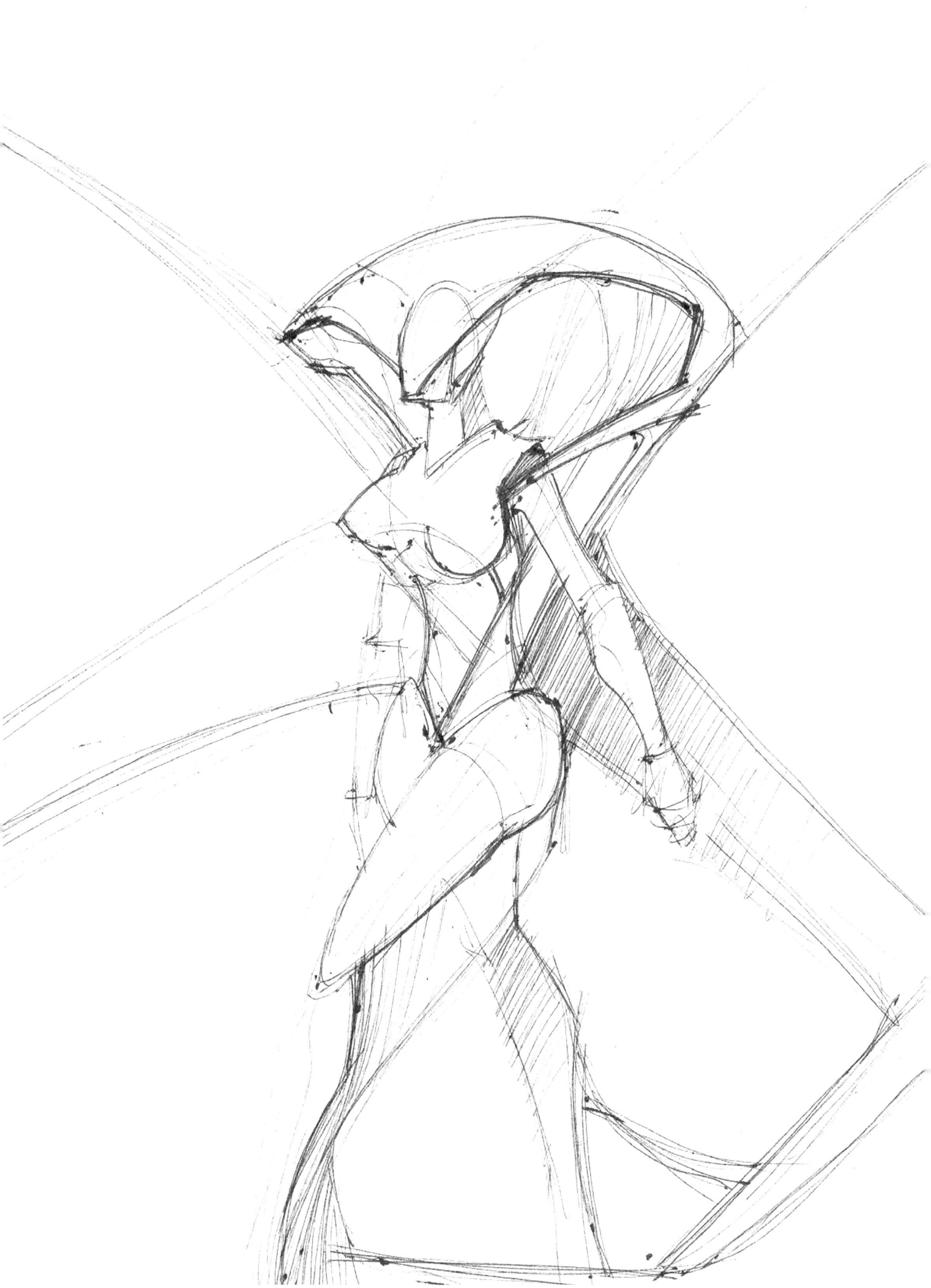

WADJ-WER

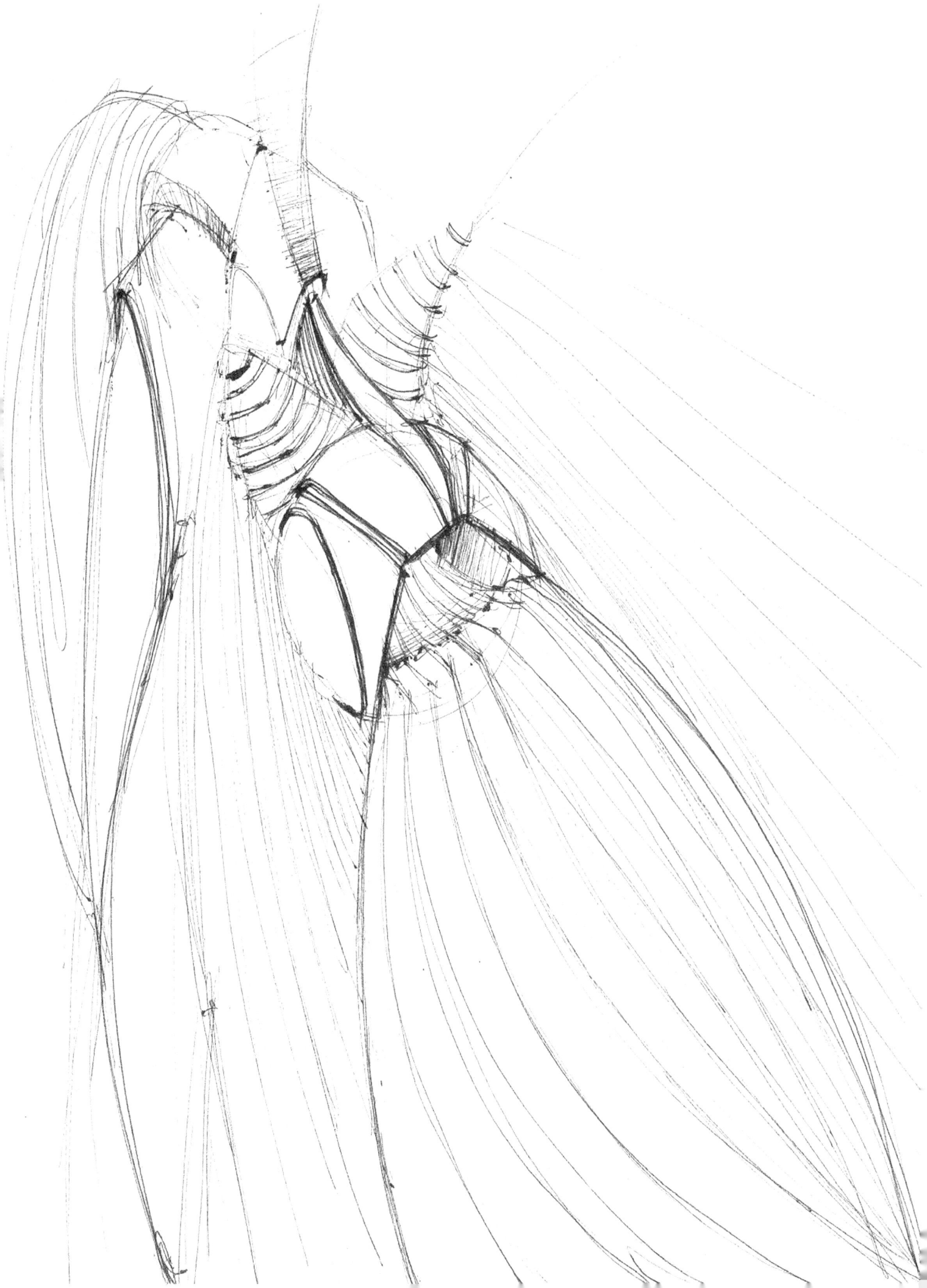

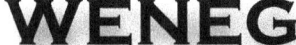

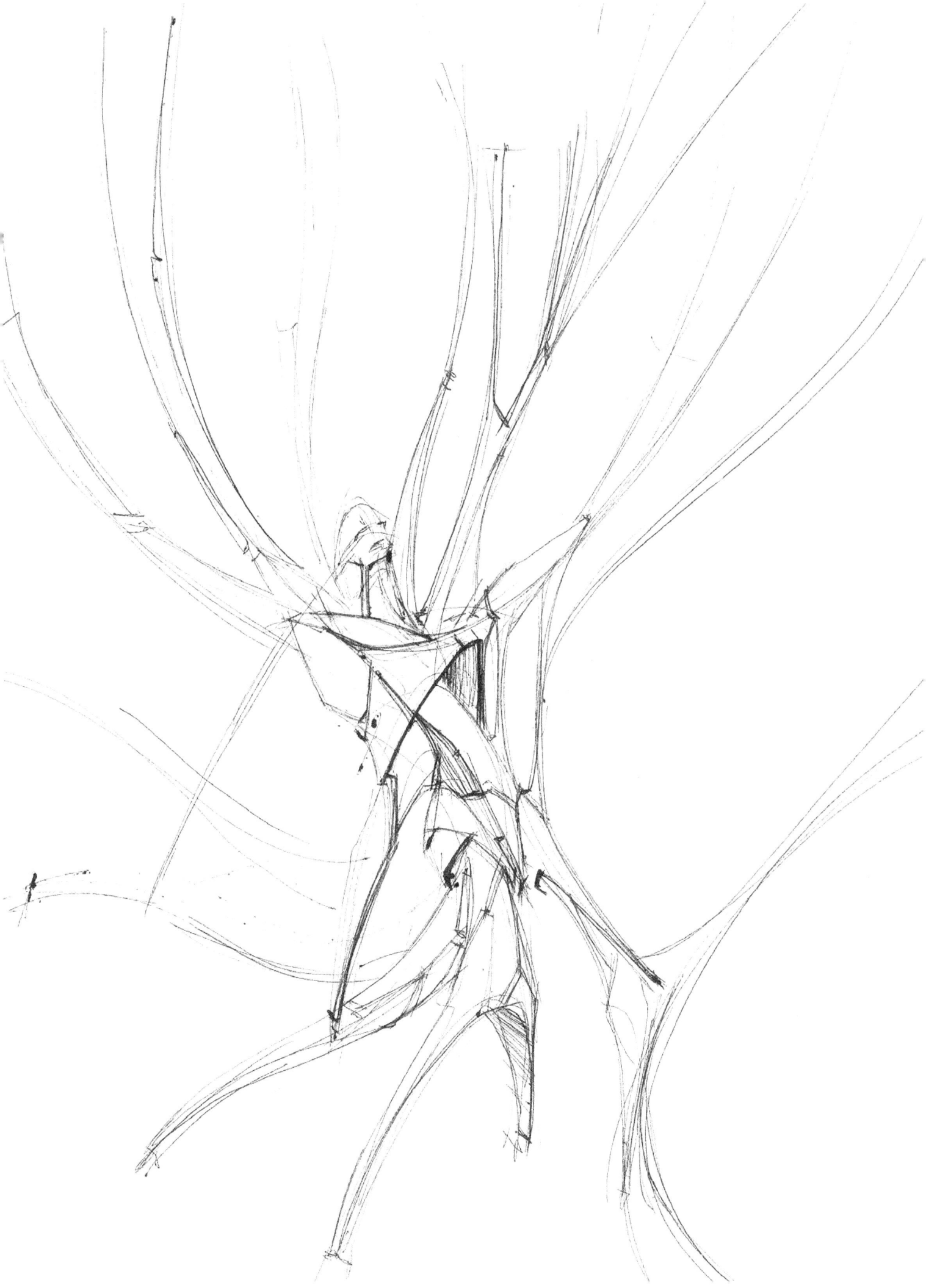

WEPWAWET

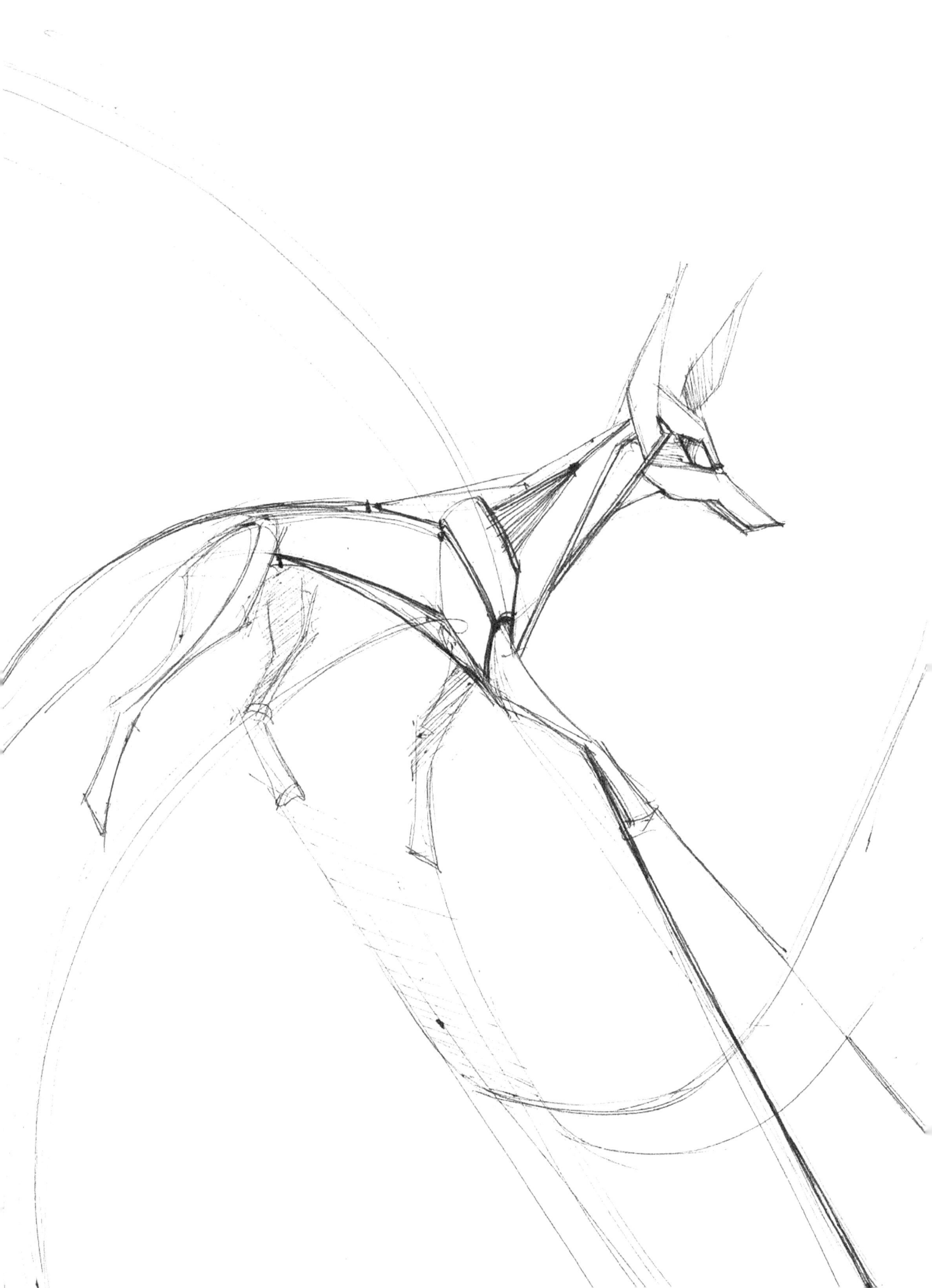

WERETHEKAU

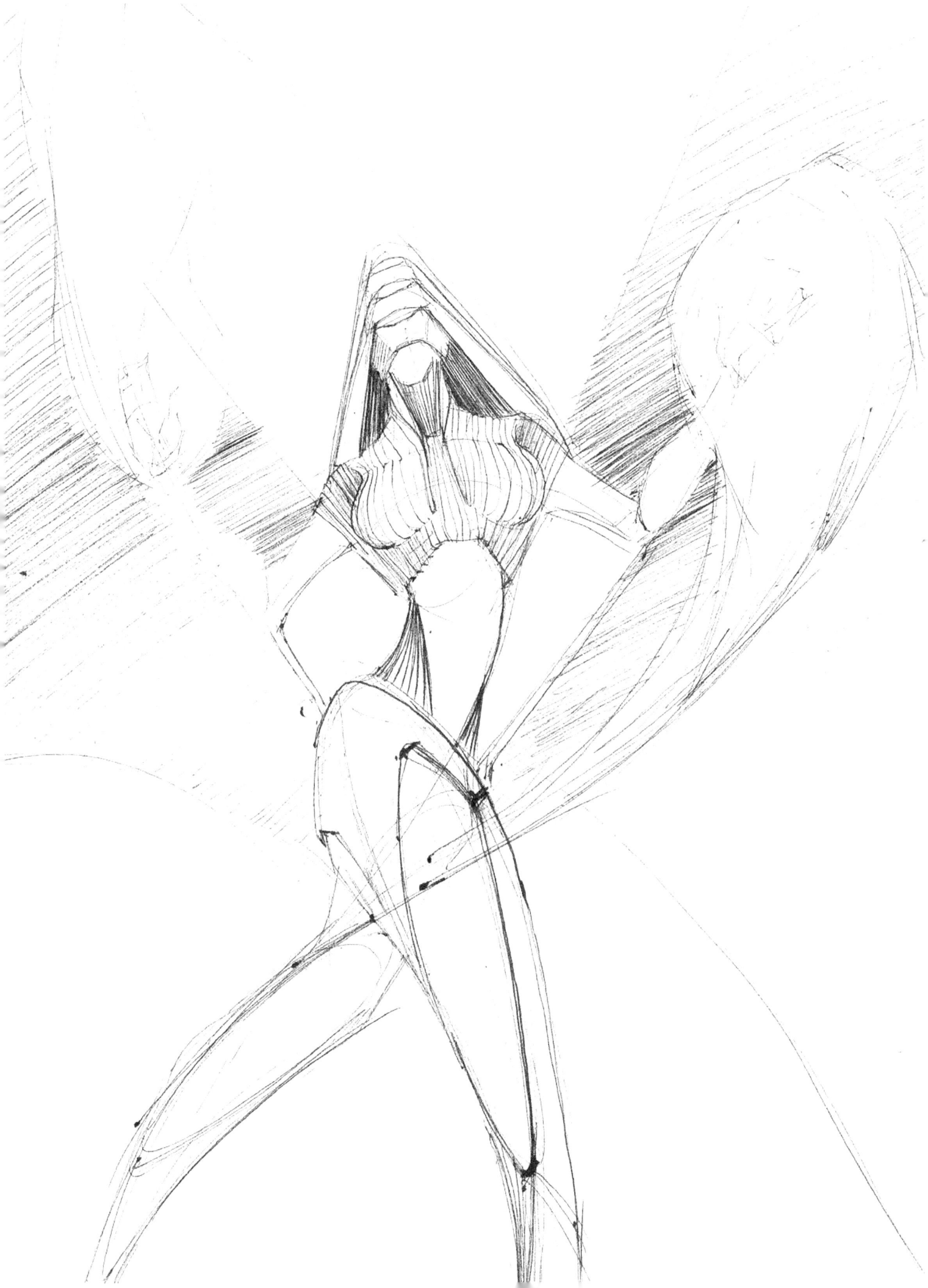

WOSRET

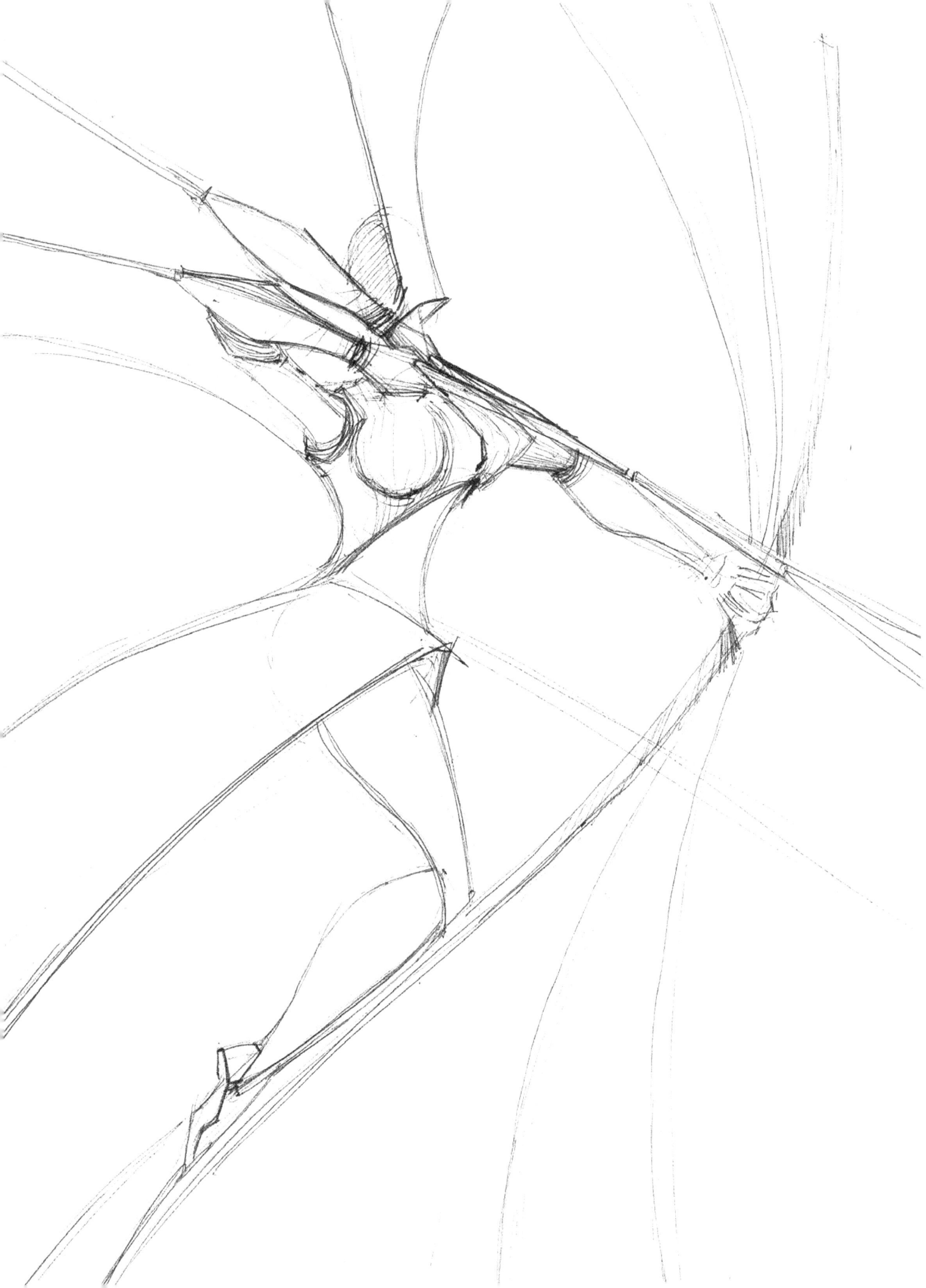

65

La deidad emerge como el gusano que anida en el cadáver y se nutre en los campos de la putrefacción.

Frente a una imagen inoperante, un cuadro que se niega a conservar los colores que se habían adherido a este, abastecer la memoria con un flujo de escenas controlables, invocar voces y percepciones de tiempos lejanos, teñir el lienzo con vagos recuerdos, fabricar réplicas distorsionadas en la recreación de un rito, forjar un universo haciendo uso del silencio de los héroes de antaño.

Confeccionar un heraldo que se esboza como un poder eterno y gobierna sobre su mano humana. La corona que se dispone sobre sus cabezas sintetiza los sonidos de un símbolo, la réplica del contorno del fulgente disco solar en la sección del cráneo. La corona se expone como la primera entidad que toma posesión de quien la ciñe, el rol que condiciona y rige sobre toda conducta manifiesta. El recipiente que da forma al líquido que a él se vierte, el parásito que arrebata toda savia vital y en su letargo dispondrá de una extensa línea de sucesores. La máscara mortuoria que se eleva y agita en el oleaje de un fuego nocturno, la esfera solar que al quebrarse esparce su combustible en la extensión de las brasas, el rostro del ausente, el primer dominio sobre el fenómeno de la muerte, el ferviente anhelo de inmortalidad a través de los oscuros senderos de la magia.

El sol cual una embarcación que discurre sobre océanos celestiales expone su declive al ser devorado por el horizonte distante, la oscuridad gobierna y se encienden millones de linternas para contemplar la ausencia del astro rey. El frio y el silencio se propagan sobre el mundo. En el extremo opuesto se eleva renovado, el primer fundamento de la idea de la resurrección. El disco solar que recuerda el esplendor de su figura paterna.

De recrearse la idea de la resurrección el astro rey debería remontar vuelo sobre la misma posición de su colapso. En la región opuesta alimenta la idea de una figura vengadora.

La circunferencia que discurre a través del trazado de un arco, equivalente del trayecto que enseña el globo ocular al perseguir un objetivo. El disco que contiene la voz nocturna y la embriaguez de la miel. El modelo ocular y su conexión con la mecánica celeste.

Puntos dispersos que contienen el esplendor oceánico, fragmentos diseminados sobre un manto labrado en sombras. El nacimiento de una constelación requiere de un principio de abstracción. Tejer el relato donde sólo se enseñan fragmentos raídos de una historia que ha enmudecido, auténticas joyas que carecen de cuerdas vocales y es el lector quien rasga sus cuerdas ante su esquivo silencio. Se confecciona el primer actor en medio de un escenario mutable, se esculpen diversas entidades al navegar en un mar de sombras. En senderos donde ningún ser humano ha podido alcanzar, la atención se deposita en quienes pueden remontarse a las alturas, beber el viento y fundirse con el vasto firmamento. El ser alado posee el privilegio de las fulgentes esferas. Algunas deidades recibirán sus atributos, una característica, un rasgo que permite y habilita una proeza que resulta esquiva a la figura humana.

Desde la perspectiva del reino ancestral, ¿qué fuerza actúa sobre el disco solar e incide en su desplazamiento? El escarabajo se abre paso sobre una alfombra de arena arrastrando un pesado fardo. Nace así una deidad que ostenta los rasgos de un modelo biológico.

El miedo constituye el mejor recipiente para gestar dioses. Invocar la protección de quien puede destruir y devastar. Erigir un altar sobre las fauces de un león, un templo a la sombra de sus garras, arrebatar su poder y vitalidad en la imitación de formas y contornos. Leer a través del ojo humano, contaminar las voces de aquellas especies con creencias y pulsiones antropomórficas.

Intentar congelar el esplendor de la vida con los rituales del embalsamiento, la instantánea que captura el momento y retarda la corrupción corporal. El primer esbozo fotográfico con visos estereométricos.

Jamás se halla una figura que aluda a un organismo en descomposición, la enfermedad se evade y la senilidad se ausenta. El registro de dichos momentos se omite. El ocaso biológico se tiñe con promesas de eternidad. Se forjan ficciones controlables, mundos remotos que suplen los vacíos de líneas desconocidas.

De la figura humana y sus representaciones, fluye el germen que se detectaría en la visión cubista, la capacidad de registrar un objeto o una idea asumiendo múltiples posiciones en el espacio, el vaso que se observa a la altura de su centro y al mismo tiempo desde una proyección superior en un solo dibujo. La figura humana en el arte egipcio: de la cintura a la línea de tierra se lee de perfil, el torso se dispone como una proyección frontal y el rostro, quien define la identidad, retorna a la proyección de perfil.

Amalgamar la fantasía y la realidad. Dotar un conjunto de imágenes con los rasgos sicológicos y patrones de conducta del modelo que le sirve de fuente.

Trazar la imagen esculpiendo la sombra a través de senderos que definen la figura y contrastarlo con el plano que expone a la luz.

La inamovible tierra y sus senderos hídricos, el flujo constante e inmediato a ella, la superficie estática, el rumor, el centenar de voces que se arrastran sobre sus mantos, el silencio que contiene cada grano de arena. La música nace en la agitación del líquido diáfano y cristalino. En la celda del vientre materno las vibraciones y pulsiones que acompañan la ensoñación derivan de los mares internos.

En el Egipto ancestral gobierna el fuego que alimenta el continuo viaje de la esfera solar, la luz se expone cálida y funde sus destellos con la agitación de las aguas.

Los seres biológicos sirven de patrón y medida, el modelo esencial para abordar las dinámicas del universo. La nueva luz se expone gélida y estéril. Engulle los controlados flujos de electricidad. El tenue esplendor de la luz lunar inunda todo recinto, aquella que cautiva a las moscas e insectos produce un efecto similar en todo humano. La antigua danza del fuego se revela apacible sobre los dominios de una geometría milenaria, la escuadra y el triángulo, la dimensión de toda pantalla aplicada sobre su diagonal y ellas se despliegan sobre los fundamentos de un ángulo recto. Los nuevos campos se siembran con cifras y datos insustanciales, espectros que ostentan un sonido. El voraz murmullo de los dígitos que se invocan sobre una superficie en blanco.

De la agricultura a los modelos de producción industriales, de los principios de renovación continua a la decadencia y obsolescencia de la máquina en sus ciclos de vida útil, la entidad que nace siendo cadáver y sumisa se nutre con una descomunal fuente de energía. La rana que al cesar toda función vital responde a estímulos eléctricos. La máquina se alza como el colosal cadáver controlado.

El tocado de tela que ostenta el faraón, simula las líneas estilísticas de la cobra, extrae las potencias de la imagen y las ciñe a un atavío personal. La figura efímera y pasajera que se adhiere a una tradición inmortal.

La pirámide, cenotafio destinado a perpetuar la memoria de un gobernante emplazada en una vasta alfombra de arena como un primer intento en la erección de una obra que se conecta al firmamento, un monumento destinado a rasgar el paciente flujo de las nubes, canalizar de forma depurada los destellos solares, un intento visual encaminado a obtener un principio de perfección mediante una intervención analítica y metódica.

Confrontar las torres de babel contemporáneas a la lección que emana del cuerpo central de un árbol ante el desafío de la gravedad y la reinterpretación formal y abstracta en el obelisco que retiene la evolución de una dinámica celestial. El instrumento que captura las huellas de las corrientes temporales. La imagen del rascacielos se desvanece ante la percepción visual del ser humano inmediato al suelo. La perspectiva que ofrecen los senderos de las nuevas metrópolis se reduce y limita a los dos primeros pisos. Los niveles restantes permanecen ocultos, alimentan la idea de un laberinto que se sepulta en la altura del espacio. Las dimensiones colosales de la pirámide junto a la inclinación de los planos que la definen, se adapta de manera armónica a la visión de un ser humano. El génesis del astrolabio, instrumento de navegación que se fundamenta en una serie de capturas angulares, la lectura profunda de un evangelio que subyace en las cartas celestes confrontado al principio estructural de la rueda que se dispone en el carro de combate, el conocimiento de los ritmos de un reloj astronómico, la información que se adhiere al mito, el senil monopolio de un conjunto de datos útiles para una nación que depende de los modos de producción agrícola.

El origen de la pirámide, construir un triangulo visual haciendo uso de los dedos índices, el dedo medio de una mano se extenderá sobre la base del dedo opuesto. Respecto a la base de la pirámide, extender el índice y el pulgar emulando una "L", con la mano restante proceder a completar el cuadrado en el encuentro de los dos dedos índices. Ubicar el dedo índice en el centro para definir la altura, en el punto máximo convergen los cuatro planos. Los modelos conceptuales de la humanidad ancestral emanan de sus experiencias e imaginarios inmediatos.

65

The deity emerges as the maggot dwells in the corpse and feeds beneath the fields of putrefaction, before an inoperable image, a picture that refuses to keep the colors that had joined to it, provide the memory with a controllable flow of scenes, summoning voices and perceptions from distant times, staining the canvas with vague memories, making distorted replicas in the ritual recreation. A universe forging by the yesteryear heroes silence.

Compile a herald outlined as an eternal power and rules over his human hand. The crown upon their heads provides synthesizes the symbol sounds, the glittering contour replica of the solar disk in the section of skull. The crow is exposed as the first entity that takes possession of the person who adheres. The role that conditioning and rules all overt behavior. The vessel that forms the liquid is poured to him, the parasite that takes away all its lifeblood and in its dormancy have an extensive line of successors. The death mask rises and waves in the swell of a night fire, when the solar sphere is breaking spreads his fuel over the coals extension, the face of the absentee, the first domain over the death phenomenon, an fervent immortality desire through the dark paths of magic.

The sun such as a ship running on celestial Oceans exposes its decline to be devoured by the distant horizon, darkness rules and ignited millions torches to behold the ruler star absence. The cold and silence spread over the world. At the opposite end rises renewed, the first foundation of the resurrection idea. The solar disc recalls the father splendor.

To recreate the resurrection idea the sun king should soar on the same position of its collapse. In the opposite region feeds the vengeful figure idea. The circle runs across the path of an arc equivalent to the eyeball course in the target pursuit. The disk contains the night voice and honey intoxication. The celestial mechanics connection could be found in the eye model.

Scattered points that contain the oceanic splendor, fragments spread over a mantle wrought in shadows. The constellation birth requires an abstraction principle. Weaving the story where only taught ragged fragments of a story that has been muted, true gems that lack vocal cords and is the reader who rips hers strings to his aloof silence. It is made the first actor in the midst of a mutable stage; several entities are sculpted by navigating in a sea of shadows. In paths where no human has been able to reach, attention is placed on who can be traced back to the heights, drink the wind and merge with the vast sky. The winged being has the privilege of glittering spheres. Some deities receive their attributes, an attribute that allows and enables a feat elusive to the human figure.

From the standpoint of ancient kingdom, what force acts on the solar disk and affects their movement? The beetle makes its way over a sand carpet by dragging a heavy burden. Thus is born a deity who bears the features of a biological model.

The fear is the best container to gestate gods. Invoke the protection of those who can destroy and devastate. Erect an altar on the lion jaws, a temple in the shadow claws, grabbing power and vitality in the shapes and contours imitations. Read through the human eye; pollute the voices of those species with anthropomorphic beliefs and instincts.

Attempt to freeze the life splendor with embalming rituals, the snapshot captures time and slows the body corruption. The first photography draft stereo metric hints. Never is found a figure that alludes a decaying body, disease and senility absents. The records of such moments are omitted. The biological decline stains with eternity promises. Controllable the fictions are forged, remote world's supply the voids of unknown lines.

Concerning the human figure and its depictions, flows the seed detected in the cubist vision, the ability to register an object or an idea assuming multiple positions in space, the glass is observed at the height of its center and at the same time from a higher projection in a single draw. The human figure in Egyptian art: from the waist to the ground line profile is read, the torso is available as a frontal projection and the face returns to the lateral view. Amalgamate the fantasy and reality. Provide a set of images with psychological traits and behavior patterns from the model which serves as source.

To draw the image sculpting the shade along the paths that defines the shape and contrast it with the plan exposed to light.

The immovable land and water trails, the constant flow immediate to it, the static surface, whispers, the hundreds voices crawl on their coats, the silence contains in every grain of sand. The music is born in the diaphanous and crystalline liquid agitation. In the cell womb vibrations and pulsations accompany the reverie derived from the inland seas. In ancient Egypt ruled the fire that nourishes the solar sphere ongoing journey, the light is warm and melts exposes its sparkles with the water stir.

Biological beings serve as measure and pattern, an essential model to deal with the universe dynamics. The new light is exposed barren and icy. Engulf the controlled electricity flow. The dim splendor of the moonlight floods every enclosure, one that captivates the flies and insects produce a similar effect on all humans. The ancient fire dance reveals gentle over the ancient geometry domains, square and triangle, the size of its entire diagonal screen applied and displayed on the foundations of a right angle. The new fields are planted with unsubstantiated facts and figures, bearing sound spectra. The voracious murmurs of the digits are invoked on a blank surface.

From agriculture to industrial production patterns, the continual renewal principles to the decay and obsolescence of the machine in their life cycles, the entity that is born as a corpse and submissive is nourished by a huge source of energy. The frog that stops any vital function responds to electrical stimuli. The machine stands as the colossal carcass that is being controlled.

The headdress of fabric that holds the pharaoh simulates the stylistic lines of the cobra, removes the powers of the image and follows a personal adornment. The Ephemeral and fleeting figure that adheres to an immortal tradition. The pyramid, cenotaph designed to perpetuate the memory of a governor placed over a vast sand carpet as the first attempt in the erection of a work that connects to the sky, a monument to pierce the clouds patient flow, channel form refined by solar flares, a visual effort aimed to obtain a perfection principle through an analytical and methodical action.

Confront the contemporary towers of Babel to the lesson from the tree central body facing the gravity challenge the abstract and formal reinterpretation on the obelisk that holds the celestial evolution dynamics. The instrument captures traces of temporary streams. The skyscraper's image fades before the visual human perception from the immediately ground. The perspective offered by the paths of the new metropolis is reduced and limited to the first two floors. The remaining levels are hidden, feeding the idea of a labyrinth that is buried in the height space. The colossal dimensions of the pyramid with the plane inclination that define harmoniously adapted to the visions of a human being. the genesis of the astrolabe, a navigational instrument based on a series of angular captures, deep reading of a gospel that underlies the celestial charts confronted the structural principle of the wheel that is disposed in the chariots, the knowledge of the rhythms of an astronomical clock, the information that adheres to the myth, the senile monopoly of a data set useful for a nation that depends on agricultural production methods.

The origin of the pyramid, as a person builds a visual triangle using the index finger, the middle of one hand is out on the basis of the opposite finger. Regarding to the base of the pyramid, as the person extends the thumb and forefinger emulating an "L" with the remaining hand he proceeds to complete the square in the meeting of the two index fingers, place the index finger in the center to define the height at the peak converge the four planes. The experiences and immediate imaginary it is stemming from the conceptual models of ancient humanity.

ABOUT THE AUTHOR

www.marcoaureliogalan.blogspot.com

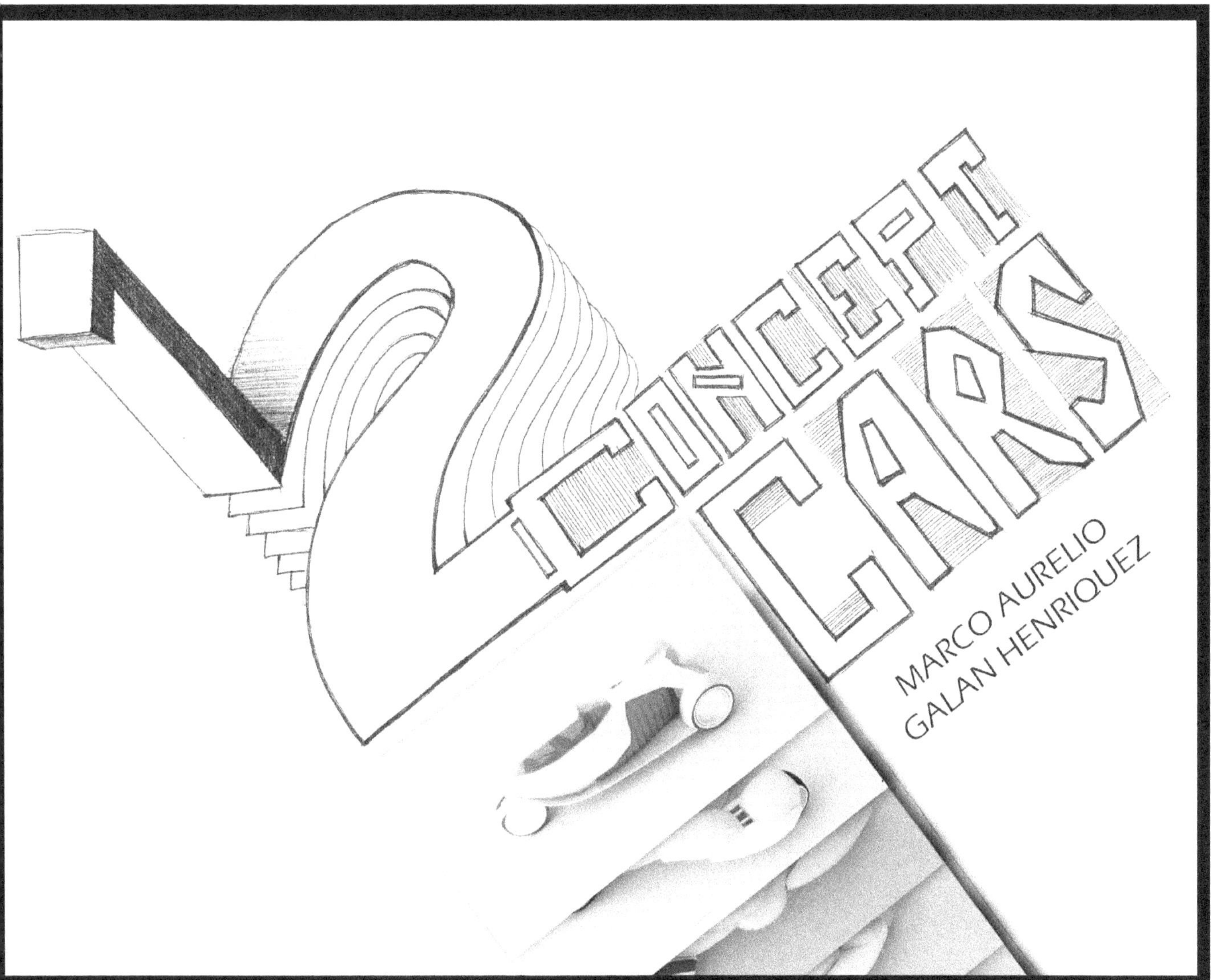

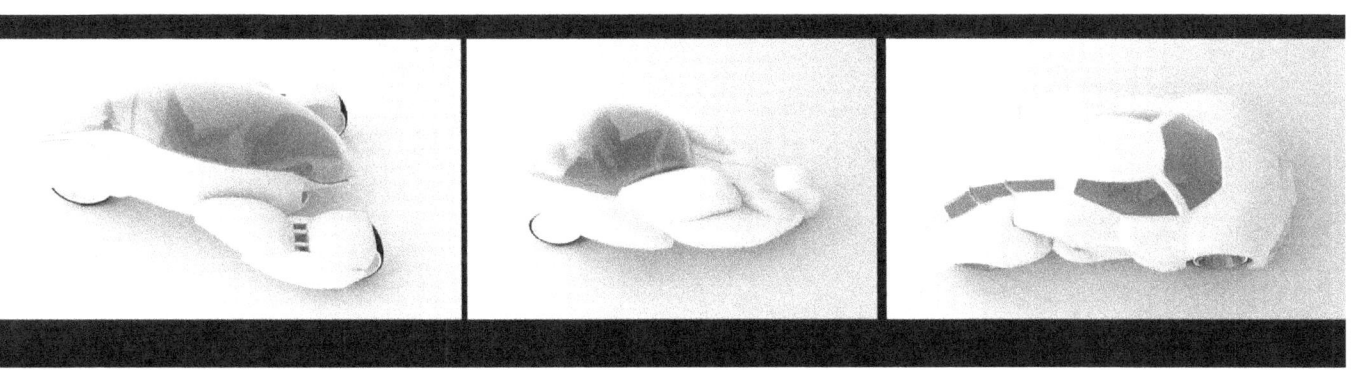

12 CONCEPT CARS
(AMAZON AND KINDLE STORE)

KHNUM, THE SECOND ONE (BOTTOM)

www.ingramcontent.com/pod-product-compliance
Lightning Source LLC
Chambersburg PA
CBHW081130170526
45165CB00008B/2615